입 학 사 정 관 의   시 간

입학사정관의 시간

1쇄 발행 2021년 10월 8일

지은이 김보미
펴낸이 정홍재

펴낸곳 책과이음
출판등록 2018년 1월 11일 제395-2018-000010호
대표전화 0505-099-0411 **팩스** 0505-099-0826
이메일 bookconnector@naver.com
Facebook · Blog /bookconnector
Instagram @book_connector

ⓒ 김보미, 2021

ISBN 979-11-90365-23-9 03300

책과이음 • 책과 사람을 잇습니다!

입학사정관의 시간

누구나 쉽게 말하지만 누구도 제대로 알지 못하는
대학입시를 둘러싼 미래와 성장 너머의 이야기

김보미 지음

책과이음

입학사정관의 시간을 시작하며

생각보다 꽤 오랜 시간 대학 입학처에서 입학사정관으로 일했다. 어릴 적 장래 희망도, 대학에서 전공 공부를 하면서 꿈꿨던 직업도 아니었다. 어린 시절 누군가 대학에서 일한다고 하면 '교육자'의 모습만 떠올렸고, 나중에 학사에서 석사까지 대학에서 적지 않은 시간을 보내면서도 학과사무실이나 학생지원팀 정도의 부서에만 볼일이 있었지 대학 내 부서에 대해서는 큰 관심이 없기도 했다.

사람 일 어찌 될지 모른다더니, 내가 대학 입학처에서 일하게 될 줄이야……. 심지어 이렇게 오래 일을 하게 될 줄이야……. 게다가 내가 입학사정관이라는 직업을 가지게 될 줄이야…….

그때는 미처 알지 못했다.

　대한민국에서 대입과 관련된 일을 한다는 것은 생각보다 꽤 복잡한 일이다. 매년 발표되는 대입 정책이 크고 작게 변화하고 있는 것은 어쩌면 아직 우리 사회에 적합한 제도를 찾지 못해서일 수도 있고, 어쩌면 대입과 관련한 많은 사람의 목소리에 나부껴서일 수도 있다. 그렇지만 내가 믿고 싶은 변화의 이유와 목적은 이렇다. 새로운 시대는 그에 걸맞은 새로운 인재상을 요구하고 있고, 그렇기에 교육과 인재 선발 방식이 먼저 바뀌어야 하는 필요성을 바탕으로 교육과 대입 정책이 변화하는 과정에 있기 때문이라고 말이다.

　지금 대학은 학생을 선발할 때 그가 무엇을 얼마나 알고 있는지보다는 무엇에 호기심을 가지고 어떻게 문제를 해결하는지를 눈여겨보고 있다. 선발의 핵심은 기존의 표준화된 필답시험에서 벗어난 지금의 학생부위주전형(학교생활기록부를 주로 하는 전형)이다. 이 대입전형은 정답을 맞히는 몇 점짜리 학생을 골라내는 것이 아닌, 고등학교 3년이라는 과정과 그 결과를 통해서 학생의 역량을 읽는 것에 주안점을 두고 있다. 이 일을 하는 사람이 '입학사정관'이다.

　그래서 나는 입학사정관의 일이 대학의 학생을 선발하는 일을 넘어서, 대입전형을 기획하고 분석하는 일을 넘어서, 어쩌면 이 사회에 너무나도 큰 영향을 미치는 일이라고 생각한다. 지나친 의미 부여라고 할 수도 있겠지만, 글쎄, 이 일에 그러한 소명 의식과 책임감이 필요하다는 생각은 여전히 변함이 없다. 적어도 대입이 모든 교육 분야에 여진을 남기고, 또한 이 사회에서는 별개로 움직일 수 있는 트랙이 아니기 때문이다.

이 제도로 입학한 학생들이 점차 투박한 모습을 벗고 진주같이 변해가는 모습을 볼 때, 이 제도와 함께 학생들이 학교에서의 시간에 집중해간다는 교사의 자부심을 전해 들을 때, 교사의 노력으로 학교 수업을 통해 진짜 배움을 얻어가는 학생들을 만날 때, 누구의 도움이 아닌 학생 스스로 대입을 주체적으로 선택하는 모습을 볼 때, 그럴 때마다 나는 이 생각을 더 굳혀갔다.

퇴사를 결정하고 나서 많은 생각을 했다. 내 주변의 사람들은 그간 내가 보낸 시간을 어렴풋이 알고 있기에 대부분 이 결정을 응원해주었다. 워낙 바쁘고 빼곡한 시간을 보내왔기에 '여기서 이제 끝!' 하는 마음이 없었던 것은 아니다. 하지만 대입의 현장에서 보낸 여러 날들 속에서 나는 내가 가진 에너지를 다 쏟아서 많은 것들을 시도했다. 그러면서 많은 것들을 바꿔보았고, 많은 것들이 한계에 부딪혔다. 그렇게 많은 것을 배웠고, 많이 성장했다. 일의 기쁨과 보람을 느낄 수 있었던 나의 직업을 참 많이 좋아했다. 그리고 어느 순간 내가 쏟았던 애정만큼 바닥 난 에너지를 다시 채우기 전에는 여기서 내가 해볼 수 있는 것이 더는 없겠다는 생각이 들었다.

하지만 이 일을 여전히 이어가는 사람들과 이 일을 새롭게 시작하려는 사람들만큼은, 그리고 이 일을 바라보는 사람들까지도 조금 더 단단한 신념을 갖기를 바라는 마음이 있다. 무엇을 위해 이렇게 시간과 자원을 들여가며 고민하고 연구하는지, 왜 우리가 이런 일을 시작했는지 잊지 않았으면 한다.

그리고 지금부터 '입학사정관'이라는 직업에 대해서 한번 이야기해보려고 한다. 세상 재미없는 교육 그리고 머리가 지끈하기만 한 대입이라는 주제를 어디서부터 어떻게 이야기하면 좋을까 고민하던 차에, 봄부터 겨울까지 1년 살이 하듯 지내는 입학사정관의 시간을 꾸밈없이 담담하게 털어놓아보자고 마음먹었다.

봄, 여름, 가을, 겨울을 지내면서 전국의 고등학생, 학부모, 교사를 만나서 귀 기울이던 시간, 무엇을 어떻게 전해야 할지 고민하고 거기서 얻게 된 것들을 다시 정리하던 시간, 온전히 학생들에게 집중된 서류를 읽으며 우수 학생 선발을 위해 논의하던 시간, 그리고 이 학생들이 대학에 오는 시간까지. 그 시간과 계절을 다 담지 못할지라도, 그 시간과 계절이 모두에게 공감이 가지는 않더라도, 어느 대학의 입학처에서 한 입학사정관이 보내온 시간과 해왔던 생각들이 이러하였다는 걸 나누는 것만으로도 더할 나위 없겠다.

봄

• PART 1

○ ○ ○

아득할 것 같은 추운 겨울은 지나가게 마련이다. 그렇게 누구에게나
봄이 온다. 봄이 되면 꽁꽁 언 땅에서 새순이 돋아나고, 꽃나무에
움이 튼다. 만물이 소생하듯 학교의 봄은 이상하리만큼 더욱 푸르다.
초등학교, 중학교, 고등학교를 통틀어 대학의 봄은 그중 제일 활기찬
모습이다. 무엇이든 할 수 있을 것만 같은 마음이 부풀어 오른 학생들로
가득한 교정을 걷고 있노라면, 대학을 졸업한 지 언제였나 가물가물한
나에게도 뭔가 기분 좋은 일이 생길 것 같다.

여전히 생경한 대입설명회

학교 곳곳에는 봄을 알리는 꽃이 피기 시작한다. 벚꽃이 만개한 캠퍼스에서는 여의도 윤중로 못지않은 예쁨과 로맨틱함이 뿜어져 나오는 감성이 폭발한다. 개강한 지 얼마나 되었다고 벌써 학생들은 중간고사 준비를 시작한다.

그리고 꽃 피는 봄이 오는 4월, 많은 대학의 입학처가 '대입설명회'를 시작한다. 대학 캠퍼스로 학부모와 학생을 초청하여, 올해 수험생이 준비하는 대입전형계획에 관한 설명회를 여는 것이다. 그리고 5월부터는 각 지역의 고등학교에 방문하여 고등학생과 교사, 학부모들이 모인 자리에서 설명회를 한다. '올해 우리 대학에서는 학생들을 어떤 전형으로 선발할 계획이고,

어떤 과정과 제출 서류가 필요하다. 그리고 우리 학교는 어떤 특징이 있다' 정도를 안내하는 설명회이다.

한 해의 첫 대입설명회는 대부분 대학 내에서 진행한다. 꽃 피는 봄, 새로운 학기를 맞이하여 신입생으로 활기를 띤 대학 캠퍼스에 예비 신입생이 될 수험생과 학부모를 초대하여 학교에 대한 좋은 인상을 남겨줄 수도 있고, 또한 어느새 대입설명회가 대학 입학처의 한 해 대입을 여는 문으로 자리 잡았기 때문이다. 그래서인지 매년 대학별 설명회는 아주 성황리에 접수가 마감된다. 대학 내에서 주어지는 공간에 따라 좌석의 한계가 있기도 하고, 방문자 수를 가늠해야 그에 맞춰 배부할 책자를 준비할 수 있으므로 신청 접수를 사전에 받게 되는데, 대부분 일찌감치 마감된다.

"선생님(일반적으로 대학 내에서는 직급 외에는 대부분 선생님이라고 호칭한다), 그런데 대학에서 이런 설명회를 언제부터 했어요?"

"선생님, 그런데 학부모님들은 이런 설명회를 하는 걸 다 알고 계세요? 어떻게 알고 오시는 거예요?"

"선생님, 그런데 어쩜 이렇게 학부모님만 오시는 거예요? 학생은 거의 없네요?"

"선생님, 그런데 이 설명회를 못 들으면 뭐가 많이 불리해요? 왜 다들 이렇게 화를 내시죠?"

설명회를 처음 목격하는 신임 입학사정관은 눈으로 보고 있지만 믿기 어려운 듯 질문을 쏟아낸다. 나 역시 매년 겪고 있는 일이지만 매년 생경한 모습이기도 하고, 과연 이게 우리가 추구하는 방향과 맞는 것일까 하는 의문이 들기도 한다.

이렇게 대입설명회를 시작한 지는 그리 오래되지 않았다. 누군가 "지금부터는 대입설명회를 이렇게 저렇게 진행하세요" 하고 안내한 것은 아니다. 수능 성적에 따라 배치표에 맞춰서 대학과 전공을 선택하는 것이 아니라 대학마다 전형 명칭이 다르고 전형 유형도 다르기에, 대학과 전형을 잘 알지 못하면 지원하기 어려운 수험생들에게 대학의 전형을 안내할 필요성이 생긴 것이다. 이제는 어느새 대학 입장에서도 세심히 치러야 할 주요한 연례행사가 되었고, 학생과 학부모로서도 되도록 참석하고 싶은, 아니 참석해야 하는 행사가 되어버린 것 같다.

문제는 설명회를 개최하는 대학의 물리적 환경이란 것이 무제한 사용할 수 있는 게 아니다 보니, 사전 신청을 받고 접수를 마감한다는 사실이다. 이 지점에서 치열함이 발생한다. 빠르면 한 달 전부터 안내 사항을 공지하지만, 언제 설명회 일정과 접수 일정이 공지되는지에 대해 한참 전부터 전화 문의가 폭주한다. 접수 마감이 되면 또 여러 가지로 전화 문의가 끊이지 않는다. 이제 한 학년도를 시작하는 대입설명회의 참가 신청 접수를 하는 것뿐인데 콜센터보다 더 바쁜 전화 문의로 입학처는 조금 넋을 잃게 된다.

사실 지금은 많은 대학이 설명회 현장을 녹화해서 대학별 홈페이지에 게시하거나 실시간 중계를 하고 있다. 지역에 있는 수험생들과 부득이 참석하지 못하는 사람들에게 정보를 전달하기 위함이다. 강의를 직강(현장 강의)으로 듣느냐 인강(인터넷 강의)으로 듣느냐의 차이랄까.

물론 시간이 된다면 대학 캠퍼스에 방문해서 학교 분위기도 느껴보고 입시 설명회 내용을 직접 들어보는 것도 좋겠다. 하지만 여건이 되지 않을 때는 입학처 웹사이트에 게시되는 촬영 영상을 보는 것만으로도 충분하다. 지금은 현장에서 직접 듣지 않아도 모든 정보가 다양한 채널로 공개되는 입시 환경이라는 것을 기억하면 좋겠다.

게다가 많은 대학이 설명회 참석자를 대상으로 심도 있는 상담을 진행하는 경우는 매우 드물다. 실제 참석자 수가 몇백 명에서 몇천 명에 이르는데 상담을 진행할 수 있는 입학사정관의 수를 고려하면 언뜻 계산해봐도 시간상으로 불가능하다는 결론이 나온다.

몇 해 전 서울 모 대학에서 번호표를 발급하고 상담을 진행했는데 다음 날 새벽까지 상담이 이어진 일이 있었다. 물론 대학의 친절한 태도는 충분히 읽을 수 있으나, 그 시간까지 기다려서 상담을 받아야 하는 대입의 현실이 앞으로 우리에게 어떤 도움이 될지는 생각해봐야 할 문제이다.

이렇게 설명회를 마치면 간단하게 질의응답을 받는 경우가 많다. 처음에는 입학사정관 한 명당 삼삼오오 모여들거나 줄을 서게 되지만, 곧이어 누군가의 질문에 모든 사람이 귀를 쫑긋 세우면서 점점 입학사정관을 에워싸는 대열로 변하게 된다.

질문은 끝없이 이어진다. 그중 "우리 아이는 지금 고2인데요……" "우리 아이는 지금 고1이에요……" "우리 아이는 내년에 고등학교에 입학하는데……"라며 말문을 여는 학부모도 있다. 짐작하겠지만, 이런 질문이 나오면 으레 고3 학부모의 따가운 눈총을 받기 일쑤다.

대학들이 준비하는 설명회는 대부분 해당 학년도에 대입을 준비하는 고3 수험생을 대상으로 한다. 그런데도 예비 수험생의 학부모가 더러 참석한다. 많은 부모가 대입을 초등학교 때부터 준비해야 한다거나, 과학고를 가려면 미리 영재 교육을 시켜야 한다는 항간의 소문에 흔들린다. '영어유치원을 보내야 하는 이유'나 '학군이 집값에 미치는 영향' 따위의 이야기도 입에서 입으로 떠돈다. 이것이 어떤 부모에게는 현실적으로 와닿지도 않고 신경 쓸 여력도 없는 뜬소문에 불과하지만, 어떤 부모에게는 '우리 아이만 이미 늦어버린 것 아닌가' 하며 죄책감이 들게 하거나 '역시 그 말이 맞나 봐' 하며 안도감을 심어주는 이야기일지도 모르겠다.

매년 대입을 논하는 학교, 기관, 학원의 여러 설명회를 자주 접하면 아무래도 대입에서 주로 언급되는 용어가 익숙해지고 흐름을 대강 파악할 수 있다. 아는 만큼 보인다는 것은 틀린 말이 아니다. 그런데 이러한 부모의 열성적인 준비가 꼭 원하는 결과를 보장하는 것은 아니다. 다시 말해 열성적인 부모의 준비가 없는 학생이 원하는 결과를 얻지 못하는 것도 아니라는 말이다. 대입 정보에 귀 기울이고 나에게 맞는 정보를 선별해야 하는 주체는 수험생이라는 것을 망각하게 만드는 현실은 늘 아쉽기만 하다.

꽃피는 봄이 오면 전국 팔도에

2020년 교육통계연보에서 발표한 전국 고등학교 수는 모두 2,367개이다.[1] 많은 건지 적은 건지 가늠이 되지 않을 수이다. 모든 종별의 고등학교를 포함하였기 때문에 이 고등학교의 학생이 모두 4년제 대학에 입학하는 것은 아니다. 그러므로 하나의 대학이 고교 방문 설명회 형식으로 매년 전국 모든 고등학교에 찾아가기란 물리적으로 불가능하다.

게다가 이 모든 고등학교가 사전에 안내한 고교 방문 설명회 신청 기간에 모든 대학의 설명회를 신청하는 것도 아니다. 고교에서 재학생들의 진학 방향과 대학 선호도 등을 고려하여 관심 대학에 선택적으로 설명회를 신청하기 때문이다. 물론 설명회를 아예 진행하지 않는 고등학교도 있다.

여기에다 한 학교에 재직하고 있는 입학사정관 수와 설명회를 갈 수 있는 기간(대입전형이 시작되기 전, 7월이면 고교 방문 설명회는 거의 종료된다)을 고려해야 한다. 여러 가지 이유로 대학은 전국 모든 고등학교에 방문할 수 없는 여건이다.

일반적으로 5월에서 7월까지 고등학교를 방문한다. 고등학교에 방문하여 대입설명회를 진행하고, 3학년 교사를 만나 학교의 교육 과정과 특성 그리고 대입 진학지도에 관한 여러 이야기를 나눈다.

대학에서 설명회를 하기 위하여 고등학교에 방문할 때는 고등학교에서 신청한 시간을 위주로 스케줄을 잡는다. 고등학교의 학사일정을 고려하면 오전은 거의 없고, 빠르면 점심시간을 당겨서 하는 경우, 오후에 학생들 수업이 끝난 방과 후 시간, 아니면 재량수업 시간, 아니면 저녁 식사 시간 이후가 주를 이룬다. 자연스레 설명회 기간이 되면 퇴근이 늦을 수밖에 없다. 아침에 출근하고, 첫 번째 학교로 이동하고 준비하고 설명회하고 간담회하고, 두 번째 학교로 이동하고 준비하고 설명회하고 간담회를 진행한다. 입학사정관 한 명이 하루에 2~3회 정도 설명회를 진행하는데, 생각보다 빠듯한 일정이다.

게다가 지역의 고등학교 방문 일정도 상당하므로 전국 출장도 매우 잦다. 그 덕분에 대한민국 전국 팔도에 발을 디딘다. 매년 17개 시도를 한 번씩은 방문할 뿐만 아니라, 살면서 이 동네에 와볼 일이 있을까 싶은 곳까지 가보게 된다. 그러다 보니 이 시기에는 사무실에 입학처 구성원 모두가 모이는 날을 찾기가 어렵다. 어떤 날은 누구는 설명회 하러 이동 중, 누구는 설명회 하는 중, 누구는 사무실 복귀 중, 누구는 입학처에 방문한 교사와 간담회 중이라서 사무실에 한 명도 없는 때가 있다.

사실 이 시기에 입학사정관이 설명회만 다니는 것은 아니다. 그 외 해야 하는 일들은 보따리장수처럼 노트북을 들고 다니며, 혹은 사무실에 잠깐 들르는 시간에 번개처럼 처리한다. 그도 아니면 설명회를 마치고 사무실로 들어와 야근하는 수밖에 없다. 그러다 보면 4월, 5월, 6월이 어느새 훅 지나간다.

그 외에도 17개 시도교육청에 주관하는 설명회에 참석한다. 기관에서 주최하는 경우 학생, 학부모, 교사가 평균 100명에서 500명 정도 참석한다. 설명회 시간표에 따라 앞서 대학 설명회가 끝나고 다음 여대 설명회가 이어지는 경우, 남학생이나 그 학부모는 아예 관심 밖이다 보니 썰물처럼 인원이 빠진다. 대학의 특징이나 평판에 따라서 참석 인원이 밀물과 썰물처럼 급변하는 것을 보고 있노라면 대학의 이미지나 선호도를 실감하게 된다.

이뿐만 아니라 교육기관에서 주관하는 설명회는 교사 대상 특강, 학부모 특강, 입학사정관 연수 특강, 학생부종합전형 특강, 논술 특강 등 아주 다양하다. 이런 자리에 늘 참석하는 사람이 입학사정관이다.

대학이 고등학교를 방문하기도 하지만 최근에는 고등학교에서 대학을 방문하는 사례도 적지 않다. 모든 교사가 대입에 능통하거나 익숙한 것은 아닐뿐더러, 매년 달라지는 대입 환경의 변화를 좀 더 잘 이해하기 위해 진학을 담당하는 교사들이 어렵사리 시간을 내어 대학에 직접 방문해서 여러 이야기를 나누는 것이다.

불과 몇 년 사이에도 대입의 환경이 거칠게 변화했다. 이와 함께 지금처럼 대입전형을 안내하는 설명회가 고교 현장에서 조금씩 줄어들고 있다. 직접 설명회를 듣지 않아도 충분할 만큼 대학별 홈페이지나 각종 자료를 통해 대입 정보를 많이 공개하고 있는 대학의 노력이 있기도 하고, 다양해진 수단과 방법을 잘 활용하여 많은 정보를 수용하는 수험생들이 증가하고 있기 때문이다. 어느새 대입도 언컨택트uncontact 시대의 영향을 받는 것일까.

무엇보다 최근 입학처가 개별 고등학교 학생이나 교사를 만나는 것만으로 공정성에 대한 논란이 일고 있기 때문이기도 하다. 글쎄, 공정성의 잣대가 어디까지 드리워져야 할지 개인적으로는 이해가 잘 가지 않지만.

당황스럽거나 뻔뻔하거나

본격적으로 설명회에 나가기에 앞서, 신임 입학사정관은 남보다 조금 더 준비에 열을 올리게 된다. 누군가의 앞에서 이야기하는 것이 처음일 수도 있고, 대학의 설명회 내용을 이해하는 것과 그 내용을 누군가에게 전달하는 것은 또 다른 일이기도 하니까. 그리고 요즘의 설명회 현장에서는 워낙 다양한 사람들을 만나기 때문에 실전에 앞서 모의 상황을 준비할 필요도 있다. 실제로 입학처로 걸려오는 전화 문의 중에도 답변하기 어려운 난감한 질문이 간혹 있다.

고교에 방문할 때, 두 명의 입학사정관이 가는 데에는 여러 가지 이유가 있다. 신임 입학사정관의 경우 첫해 설명회는 선임 입학사정관과 함께 진행하는 것이 일반적이다. 여러 경우의 수를 대비하기 위함이다.

한번은 매우 화려한 시설을 자랑하는 모 고등학교에서 설명회를 진행하게 되었다. 최첨단 장비로 잘 꾸며진 공간에서 설명회를 시작하려는데 가지고 간 노트북은 연결이 안 되고, USB에 담아 간 파일을 옮기는 중에 빔프로젝터가 말썽이었다. 강의실을 바꿀 수도 없고, 시설은 고쳐질 기미가 없고……. 결국 가지고 간 입학 책자를 들고 이야기하면서 설명회를 마무리했다.

또 한번은 400명 정도 모인 설명회 자리가 있었는데, 인사 직후부터 바로 마이크가 먹통이 되어서는 10여 분 동안 교내 모든 유선, 무선 마이크를 동원하여 교체하고도 고쳐지지 않았다. 결국 여행사에서 인솔자가 목에 걸고 다니는 스피커와 마이크까지 사용하게 되었다. 이마저도 스피커 음질이 좋지 않다는 객석의 민원 탓에 끝내 마이크 없이 생목으로 진행해야 했다.

물론 주최 측에서 이런 상황을 일부러 만든 것은 아니었겠으나, 설명회를 다니다 보면 참 다양한 상황에 놓이게 된다. 함께 간 신임 입학사정관은 혼자 왔으면 어쩔 뻔했냐며 이런 일이 또 일어날까 걱정하는 눈치다. 사실 이런 경우가 자주 있는 것은 아니다. 대부분 고교 현장에는 별 탈 없이 설명회를 진행할 만한 시설이나 장비가 갖추어져 있다. 고교에서도 이런 행사가 자주 있으니 방문하기 전에 설명회 진행을 위해 필요한 것들을 사전에 문의하면 별문제가 없다. 그런데도 예기치 못한 상황은 늘 발생하게 마련이다.

결국 같이 간 신임 입학사정관이 진행하려고 했던 첫 설명회는 이런 상황으로 대신 진행하게 되었다. 아직 첫 설명회를 하지 못한 탓에 다음 학교로 이동하는 동안에도 긴장이 많이 되는 눈치다. 대학에서 팀 프로젝트 과제도 해보고, 회사에서 프레젠테이션 발표도 해봤지만, 이 고교 방문 설명회는 또 다른 것으로 여겨지는 모양이다. 사실 나도 처음부터 이런 상황에서 뻔뻔하게 대처했던 것은 아니다.

요즘 학생들은 아주 낯설겠지만, 예전에는 운동장 조회가 참 많았다. 요일마다 조회 명칭도 있었다. 월요일은 애국 조회, 수요일은 체육 조회, 토요일도 무슨 조회였다. 그때는 토요일에도 학교에 갔는데, 그래도 토요일은 유일하게 점심 먹기 전에 집에 갈 수 있는 날이었다. 지금 생각해보면 학교 끝나고 집에 가는 토요일 오후가 참 여유롭고 좋았다.

여하튼 초등학교 6학년 때 나는 선도부였고, 월요일과 토요일에 구령대에 올라가 주간 목표나 계획 등을 발표해야 했다. 그 시절에는 학급당 학생 수도 많았다. 천 명 가까이 되는 전교생과 전체 선생님이 지켜보는 가운데 구령대에 올라가 교장, 교감 선생님 앞에 서서 마이크를 잡고 몇 줄 되지도 않는 선도 계획을 읽어 내려가면서 그 당시 나는 얼마나 떨었는지 모르겠다. 아마 월요일 조회를 마치고 나서 아나운서가 되려는 꿈을 포기하지 않았나 싶다.

그랬던 내가 지금은 누구 앞이라고, 몇 명 앞이라고, 어느 무대라고 가릴 수가 없다. 어떻게 보면 먹고사는 일이 되어서일 수도 있겠지만, 신기하게도 사람의 일이란 하다 보면 익숙해지기 마련이다.

물론 흐르는 시간이 모든 것을 완성시켜주는 것은 아니다. 《아웃라이어Outliers》의 저자 말콤 글래드웰Malcolm Gladwell이 주장한 '1만 시간의 법칙'에서도 '의식적인 연습Deliberate Practice'의 의미를 강조하지 않던가. 어쩌면 꾸준히 배우고 적용하려 애쓰며 일궈온 시간만이 본인에게 든든한 밑천으로 작용하는 것이다.

나는 무엇을 팔려고 여기에 왔을까

대입설명회라는 목적을 가지고 학생과 학부모, 교사를 만나러 가는 길에는 익숙해지는 것도 있지만 시간이 아무리 지나도 그렇지 않은 것들이 있다.

설명회는 대개 '학교에 대한 안내'와 '전형(입학 방법)에 대한 안내'로 구성된다. '학교에 대한 안내'라고 하는 것은 흔히 '홍보'라고 불린다. 그러다 보니 기관에서 주관하는 교육청 설명회나 교사 대상 설명회 같은 경우에는 시간 관계상 학교 소개 부분은 제외해달라고 사전에 요청이 들어오는 경우가 꽤 많다.

어찌 보면 '홍보'라고 불리는 내용이 지금 이 설명회의 목적과 얼마나 부합하는가에 대해서 의구심이 드는 때가 종종 있는 것도 사실이다.

설명회를 자주 참석하는 사람들은 아예 설명회 시작 시각에서 10분 정도 지난 뒤에 입장하기도 한다. 영화관에서 영화 상영 시작 전 5분 정도 광고가 이어지는 것을 알고 있기에 영화 상영관이 어두워진 채로 문이 닫혀 있을 때 느지막이 들어오는 사람들이 있는 것처럼 말이다. 그 마음이 충분히 이해되면서도 이런 요청을 받을 때마다 꼭 물건을 팔러 온 영업사원이 된 기분이다.

대학의 구성원이 아닌 이상 모르는 부분, 반드시 이런 내용을 알고 대학에 지원하는 게 좋겠다 싶은 내용을 말하고 있는 것 같은데, 어디까지가 정보 전달이고 어디까지가 대학 홍보인 것인지.

수시 6회와 정시 3회 총 9번의 대학 지원 유효 수(산업대학, 전문대학, 평생교육법 전공대학, 특별법에 의해 설치된 대학, 각종학교, 사이버대학교, 예술학교 제외) 내에서 우리 대학에 지원하는 방법을 이야기하는 것, 수시 6회 지원 가능 범위에서 한 대학에 전형을 달리하여 최대 지원할 수 있는 경우의 수를 설명하는 부분에서는 영업사원과 크게 다를 바 없다는 생각도 든다.

그렇지만 주목해야 할 점은 대학들이 전형에 앞서 학교에 대해 안내하는 시간을 꽤 다양하게 활용하고 있다는 것이다. 단순히 '우리 학교 좋은 학교다' '이렇게 유서 깊다' '이렇게 유명하고 성공한 동문이 많다' '이렇게 학교 시설이 좋다' 등등의 개념에서 벗어나, 어떤 학풍을 가지고 있고, 이것이 학사 제도에 어떻게 녹아 있고, 학생들이 이 대학에서 무엇을 얼마나 해볼 수 있는지를 설명한다. 실제로 이 시간을 의미 있게 활용하는 대학이 적지 않다.

어느 날 교사간담회 자리에서 교사 한 분이 이런 질문을 했다.

"D 대학과 비교해 뭐가 강점이라고 생각하세요?"

언뜻 무례하게 느껴지는 단도직입적인 질문에 잠시 할 말을 잃은 내게 당황스러운 언사가 이어졌다.

"아니, 애들을 지원시키려면 뭐가 좋은지 알아야 애들한테 설명할 거 아니에요."
"그래서 내신 몇 등급까지 뽑을 건데요?"
"애들이 쓰고 싶어야 쓰는 거지……."

교사가 모든 대학의 특성과 정보를 파악하고 있을 수 없고, 이런 자리를 통해서 그런 궁금증을 간략하게 해소하겠다는 의도는 충분히 이해할 수 있었다. 다만 학생들이 참석하는 설명회에서 학교에 대한 안내 부분을 빼달라고 요청한 사람이 할 수 있는 질문은 아니지 않을까. 무턱대고 원하는 답변만 듣겠다는 태도와 상대를 고려하지 않는 무례한 질문은, 그 자리에 앉아 있는 나에게 흡사 '내가 무엇을 팔려고 여기에 왔나?'라는 생각을 떠올리게 하는 동시에 이 일의 정체성을 고민하게 했다.

모든 순간이 그러한 것은 아니지만 간혹 접하게 되는 이런 상황에서 여전히 입학사정관에 대한 모호한 이해, 대입전형에 대한 불신 같은 것들로 똘똘 뭉쳐 있는 사람을 마주할 때, 대입 전문가가 되기 위해 매일 노력하고 공부한 시간이 무색해진다. 어찌 보면 이 모습이 현재 대입 또는 입학사정관에 대한 인식의 현주소일지도 모르겠다.

그래도 때로는 위로받는 시간

고등학교마다 설명회를 요구하는 방식은 각양각색이다. 일반적으로 학생들을 대상으로 설명회를 진행하고 있으나, 그 자리에 학부모가 더 많이 참석하는 경우, 혹은 학생 대신에 학부모만 참석하는 경우도 꽤 많은 편이다. 설명회 종료 후 교사와 간담회를 진행하기도 하고, 교사 대상 설명회만 단독 또는 추가로 진행하기도 한다. 그래서 어떨 때는 고등학교를 방문하지만 학생들은 전혀 만나지 못하기도 한다.

1년에 한 번쯤은 마주하는 상황인데, 아주 적게는 2명의 학생을 대상으로 설명회를 한 적도 있다. 6월 전국연합학력평가가 끝난 뒤 열린 설명회였다. 신청 인원은 두 자릿수, 열 명 남짓 이었을까 싶다. 그 신청 인원 가운데 시험을 치르고 난 학생들은 아무래도 본인이 지원할 수 있는 대학이 아니라며 설명회 참석을 포기했다고 한다. 그래서 결국 학생 2명을 앞에 두고 설명회를 진행했다.

그런가 하면 2학년 전체 학생과 학부모까지 총 300명 정도 되는 인원을 강당에 몰아넣고 진행하는 때도 있다. 이런 경우는 종일 여러 대학을 초청해서 설명회를 진행하는 교내 행사에 해당한다. 고2 학생 전체가 모든 대학에 관심이 있지는 않을 텐데, 한곳에 몰려서 재미있지도 않은 설명회를 듣는 게 학생으로서는 고역일 것이다. 고3 학생은 공부해야 하니 선택적으로 참석하고, 고2 학생은 단체 의무 관람인 셈이다.

학생들을 만나면 학교의 분위기를 알 수 있는 것은 사실이다. 설명회를 듣는 태도나 질문하는 내용을 보았을 때, 이 학생들이 가지고 있는 기본적인 대입에 대한 인식과 학교생활에 대한 마음가짐 같은 것을 가늠할 수 있게 된다.

나는 대개 고교 방문 설명회를 가는 경우, 학교를 한 바퀴 돌아보는 편이다. 지나가다가 교실 수업을 귀동냥해보기도 하고, 학생들의 쉬는 시간 모습을 지켜보기도 하고, 3학년 교무실 근처 분위기를 살피기도 한다. 물론 고등학교 측에서는 부담스러울 수도 있을 것이다. 그렇지만 서류로 만나는 내용 혹은 서류에서 담지 못하는 내용을 실제로 볼 수 있다는 것은 내게도 참 소중한 기회이다. 설명회 때는 제한적으로 학생을 만나거나 학부모만 만나는 경우도 많아서 되도록 시간을 내어 학교 여기저기를 좀 살펴보게 된다.

이렇게 마음에 담기는 것들은 상당히 주관적이고 매년 모든 학교를 방문하지도 못하기 때문에 평가 자료로 활용할 수는 없다. 하지만 다음에 이 학교를 다시 방문하게 되는 경우를 포함하여 대학과 고등학교 사이의 여러 정책을 펴는 과정에서 의미 있는 자료가 되는 것은 사실이다.

물론 모든 대학의 입학사정관이 이런 시간을 갖는 것도, 가져야 하는 것도 아니다. 상황에 따라서 그리고 필요에 따라서 선택할 수 있는 부분이고, 나 역시 실제로 설명회를 갔을 때 학교를 돌아볼 만한 여건이 안 되는 상황도 종종 발생한다.

입학사정관이 고등학교를 방문하는 일에는 대학입학전형과 대학에 관한 정보 안내 외에도 많은 의미가 있다. 방문 전에 이 고등학교의 대학 진학 결과가 어땠는지 지원·합격·등록에 관한 기본 정보부터 학교 학생들의 특징, 입학한 학생들의 학교생활,

현재 운영하는 교육 과정상의 특징, 기존에 지원한 학생들의 학교생활기록부 특징, 최근 이 학교의 이슈 등 여러 가지 자료를 사전에 검토하고 준비한다. 그리고 방문하는 고등학교와 참석자의 특성을 고려하여 설명회와 간담회 자료를 준비한다.

방문을 마치고 돌아오면 그 결과를 다시 정리하고 내부적으로 학교 상황에 대해 많은 리뷰와 검토를 하고 또다시 서류를 분석하고 회의한다. 개별 학교에 대한 데이터마이닝으로 끝나는 것이 아니다. 어쩌면 인근 지역 고등학교의 특징, 전체 고등학교 현장의 특징으로 연결되면서 대입을 준비하는 고등학교 현장과 고등학생들을 구체적으로 이해할 수 있는 시간이 된다. 누군가는 어쩌다 한 번 마주치는 대학 관계자라고 생각할 수 있지만, 대학은 이런 만남을 통해 최대한 많은 것을 읽어낼 수 있도록, 학교생활기록부와 고등학교 현장을 확인하고, 공부하고, 정보를 켜켜이 쌓아나가는 것이다.

이처럼 고등학교를 방문하는 시기에는 워낙 많은 사람을 만나기도 하고, 사전과 사후로 해야 할 일이 많기도 하고, 그 외에 별도로 처리해야 할 일도 많기에 피로감이 적지 않다.

하지만 무엇보다 학생들을 만나고 돌아오는 길이면 가슴이 따뜻해질 만큼 위로받는 느낌이 들고, 특히 설명회를 잘 마치고 돌아오는 길이면 말로 다 표현하기 어려울 만큼의 뿌듯함이 느껴지기도 한다.

고교 현장에는 다양한 학생들이 있다. 낙엽이 굴러가는 것만 봐도 까르르 웃는 여학생들, 한쪽만 조명이 안 들어오나 싶을 정도로 시커먼 남학생들, 하나라도 더 기억하려고 눈을 동그랗게 뜨고 메모하며 집중하는 학생들, 밥 먹고 나른한 시간에 어쩔 수 없이 밀려오는 졸음을 쫓아내보려고 뒤편에 서서 듣는 학생들, 세상에서 제일 무겁다는 눈꺼풀을 이기지 못하고 꾸벅꾸벅 조는 학생들, 어쨌든 수업 안 하니까 좋아서 마냥 즐거운 학생들까지…….

설명회가 끝나면 학생들이 쪼르르 나와서 부끄럼 타며 질문을 하거나, 세상 고민을 다 가지고 있는 것처럼 한숨을 내쉬며 쭈뼛쭈뼛 질문하기도 한다. 친구들한테 학업이나 진로에 관한 속 이야기를 알리고 싶지 않아 다른 친구들이 다 갈 때까지 기다렸다가 질문하는 학생도 있다. 또 가끔은 너무 똑똑하고 자기 주관이 뚜렷한 학생들을 만나기도 하고, 대학에서 배우고 싶은 것과 해보고 싶은 것이 많은 초롱초롱한 눈을 가진 학생들을 만나기도 한다. 어떻게 보면 입시지옥에 살고 있는 요즘의 고3 학생과 다른 면이 보이기도 하지만, 한편으로는 이렇게 건강한 마음과 생각을 하는 학생들이 더 많아지면 좋겠다고 생각하게 된다.

　이런 설명회를 마치고 돌아오는 길이면 나 스스로도 참 뿌듯해진다. 학생들에게 필요한 정보를 주었으리라는 생각이 들고, 미처 몰랐던 것도 알려주지 않았을까, 혹시나 오해하고 있던 것들을 풀어주지 않았을까 하는 기대감도 갖게 된다. 그리고 때 묻은 나의 모습이 아주 티끌만큼이라도 정화되는 것 같은 착각에 빠진다.

　물론 모든 학교의 모든 학생이 이렇게 아련한 기억으로 남아 있는 것은 아니지만, 이따금 만나는 이런 학생들만으로도, 이런 순간들만으로도, 입학사정관인 나에게 설명회는 참 의미 있는 시간이다.

입학처에 필요한 또 다른 덕목

입학처에 전화벨이 울리는 것이 무서울 때가 있다. 1년이라는 기간 내 꽤 자주 있는 특정 기간, 원서 접수 전부터 접수 마감일까지, 합격자 발표 전부터 발표 마감일까지, 입학처 프로그램 신청 전부터 신청 마감까지 등의 시기에는 입학처에 있는 모든 전화기가 불이 나도록 울려댄다. 입학처에 있는 조교 학생들부터 전 직원이 전화를 받고 있어서 모든 회선이 통화 중인 때가 꽤 자주 있다. 점심시간이나 퇴근 이후에도 전화벨 소리가 들리는 환청에 시달릴 정도다.

업무 시작 시간 오전 9시가 되자마자 모든 전화기가 기다렸다는 듯이 울려댄다. 전화를 받으면 "아니 왜 이렇게 전화를 안 받아요. 전화 연결이 왜 이렇게 어려워요"로 이야기가 시작된다. 점심시간이 되면, "점심시간도 없이 교대로 전화를 받고 있지만, 전화가 너무 많이 오는 걸요. 점심을 10분 만에 후루룩 마시고, 지금도 전화 받고 있는데요"라고 말하고 싶지만, 그럴 수 없는 노릇이니 서둘러 질문에 대답하기 시작한다.

모집 요강을 읽으면 바로 확인이 되는 아주 간단한 것들, 해마다 자주 질문하는 내용과 올해 질문이 많이 나올 것 같은 내용을 정리해서 입학처 웹사이트에 공지해두었지만, 비슷한 내용을 묻는 전화가 부지기수이다.

가령 합격자 발표 전날은 "정말 내일 발표해요?" "오늘 발표 안 하나요?"와 같은 문의가 정말 온종일 이어진다. 합격자 발표 당일 아침 9시부터는 "오늘 몇 시에 발표하나요?"가 무한 반복되다가, 막 발표되는 순간 너무 신기하게도 한 시간 정도는 조용하다. 모든 학생이 숨죽여 발표 결과를 확인하고 있기 때문이다. 그리고 다시 추가 합격자 발표와 예비번호에 관한 문의가 끊이지 않는다. 분명히 공지사항으로 안내하였지만 아무 소용이 없다. 그 덕분에 정말 문의해야 하는 내용이 있어도 입학처와 전화 연결되기가 어려워진다. 이렇게 입학처의 전화는 실시간 온라인방송에서 댓글창이 순식간에 올라가듯 끝도 없이 이어진다.

그런가 하면 예상 밖의 전화도 걸려온다. "지금 위치가 어디인데 학교까지 가려면 어떻게 가야 할까요?" "지하철 몇 번 출구로 나가야 할까요?"부터 "구십몇 년도부터 이 대학에 지원하고 있는데 내가 왜 자꾸 불합격하는지 모르겠네요……" "왜 K 대학에는 있는 ○○전공이 없어요?" "듣자 하니 학교에 ×××라는 소문이 있던데 사실이에요?" 등 저마다의 속사정을 가지고 대학과 입학에 관련한 의문점이나 불편함을 입학처에 하소연한다. 간혹 입시 부정 사건이 언론을 장식하면 동문 중에 유명 인사를 언급하며 "그 사람도 부정 입학한 것 아니에요?"라고 물어오기도 한다.

어떨 땐 이런저런 문의 끝에 학생과 부모 본인의 기구한 상황을 설명하며 눈물바다가 되기도 하고, 전화의 시작은 분명히 전형에 관한 질문이었는데 부족한 부모라서 다른 아이들만큼 해주지 못했다는 속상한 마음을 토로하면서 30분을 넘게 통화하기도 한다.

또 가끔은 무작정 내신(교과 성적) 커트라인을 알려달라고 질문하는 사람도 있다. 전형의 특성이나 평가 방법을 고려하여 교과 성적이 갖는 의미를 설명하려고 하면, 왜 그냥 대답하지 않느냐며 으름장을 놓고, 참고할 수 있는 자료를 말씀드리면 정말 불친절하다며 입학처장이나 대학 총장을 바꿔달라고 생떼를 쓴다.

이런 경우 신임 입학사정관이나 조교 학생들은 수화기 너머 들리는 고함이나 욕은 아닌데 욕처럼 들리는 대화에 분이 나서 한 번씩은 눈물을 흘린다. 조교 학생은 감정을 추스르느라 한동안 전화를 받지 못하기도 한다. 밀려드는 전화에 친절하게 답변하지 못해서 상황이 일파만파 커질 때도 있지만, 답을 이미 정해놓고 전화를 하는 상대방에게는 어쩔 도리가 없다. 전화 통화하면서 머리끄덩이를 잡히는 기분이랄까.

전화가 아니더라도 대입 문제와 관련해서 만나게 되는 학생, 학부모, 교사는 참 다양한 질문을 한다. 그저 대입전형에 관한 사항이 아니라, 정말 모든 것을 망라하여 질문한다. 이 대학을 졸업하면 취업이 잘되는지, 이 학과에서는 무엇을 배우는지, 이 대학의 이 전공과 저 대학의 저 전공은 무슨 차이가 있는지, 어떤 일을 하고 싶은데 무슨 전공을 선택하는 것이 좋은지, 왜 이 대학에는 이런 전공이 없는지, 다른 대학과 전형에서 어떤 차이가 있는지, 장학금은 어떻게 받을 수 있는지, 기숙사 입사는 가능한지, 자취방을 구하는 사정은 어떠한지, 이런저런 동아리가 있는지……. 그야말로 대학 생활의 모든 것을 입학사정관에게 묻는다. 사실 그도 그럴 수밖에 없다. 고등학생으로서는 대학의 어느 곳으로 전화해서 본인의 궁금증을 해결해야 할지 막연하기만 하던 차에 대학의 모든 것을 알려줄 것만 같은 입학사정관을 만나니 이런저런 질문이 봇물 터지듯 나오는 것이다. 그런데 이런 질문의 범위와 깊이가 무한대로 커져나가다 보니, 입학사정관이 대학 전반에 대해 더 많이 알아야 하고, 학생들이 궁금해할 법한 내용까지도 알아야 하는 게 당연한 일처럼 되었다.

어쩌면 한 대학의 입학처에서 대입을 담당하는 입학사정관이 아니라 때로는 대학 생활을 먼저 한 선배로서, 때로는 그 대학에 소속되어 있기에 조금 더 현실적이고 구체적인 이야기를 들려줄 수 있는 사람으로서, 때로는 여러 대학의 대입전형을 누구보다 잘 파악하고 있는 대입 전문가로서, 때로는 수험생의 생활을 누구보다 잘 이해하고 있는 입학사정관으로서 상담과 조언 그리고 격려까지 건네줄 만능인이 되어야 하는 순간이 종종 있다.

봄에서 **여름**

• PART 2

○ ○ ○

대학의 넓고 넓은 캠퍼스는 꽃과 나무로 가득하다.

그 덕분에 시간이 흐르고 계절이 바뀌고 있음을 더 잘 느끼게 된다.

흐드러지게 꽃핀 꽃나무가 몇 번의 봄비를 맞아 화려한 옷을

차츰 떨구면 이렇게 올해의 봄도 지나고 있다는 생각이 든다.

학교 정문의 큰 목련 아래에서 학생들 몇이 떨어진 꽃잎으로 풍선을 불고

있었다. 예전 내가 다니던 고등학교 음악실 앞에도 큰 백목련 나무가

있었다. 목련을 너무 좋아하시는 음악 선생님 덕분에, 목련이 움을 틔우고

다시 질 때까지 모든 음악 수업은 〈목련화〉를 단체로 부르는 것으로

시작했다. 그때는 그 노래가 너무 지겨워서 친구들과 함께

어서 목련 꽃잎이 모두 떨어지기만 기다렸다.

대학 정문의 목련 나무를 보면 그 시절의 음악 시간과 음악실 창문으로

보이던 목련이 아련하다. 무성한 꽃잎은 우리의 교복이

춘추복에서 하복으로 바뀌어갈 때쯤 모두 떨어졌던 것 같다.

교복을 벗은 지 오래이지만, 새삼 추억과 기억이 삶을

꽤 많이 지탱해주는 것을 느낀다.

스무 살이 넘은 요즘 친구들에게

고등학교 시절의 추억은 또 다른 것이겠지.

선생님은 어떻게 이 일을 시작하셨어요?

오늘은 새롭게 임용된 입학사정관 선생님이 첫 출근을 하는 날이다. 입학사정관의 교육훈련 업무를 담당하고 있는 내게는 신규 임용자의 OJT(직장 내 교육훈련) 프로그램도 담당 업무에 속한다. 당연한 이야기일 테지만, OJT를 준비할 때는 이 업무에 대한 경력 여부, 경력 기간, 이전 경력 업무의 특성 등을 고려해야 한다.

　이번 신임 입학사정관은 이 업무가 처음이었다. 대략 4년의 학부 공부에 2년의 석사 공부를 마치고, 흔히 국내에서 대기업이라고 불리는 회사에서 다년간 일을 한 경력만 있었다. 어쨌거나 결론은 대학에서의 일도 처음이고, 대입에 관한 일도 처음인 것이다.

OJT를 준비하는 동안은 늘 생각한다. '왜 이 일을 하려고 할까? 어떻게 이 일을 알게 되었을까? 이 업무를 통해서 어떤 미래를 꿈꾸는 걸까?' 하루하루 그날의 담당자별로 OJT를 진행하던 어느 날, 신임 입학사정관 선생님이 나에게 물었다.

"선생님은 어떻게 이 일을 시작하셨어요?"

그러게, 내가 어떻게 이 일을 시작했더라. 그게 언제였지. 뭐 대단한 시간을 헤쳐나가고 있다고 하기도 뭣한데 어느덧 10년이 지났다.

임용고시에 낙방한 뒤, 국가고시는 나랑 맞지 않는다는 나만의 결론을 내렸다. 중국 소설 《아큐정전阿Q正傳》을 읽을 때마다 느끼는 점이지만, 때로는 자기합리화가 정신건강에 좋다고 생각한다. 그 뒤 교육부에서 인턴을 하던 중, 멘토 사무관님이 '입학사정관'이라는 직업에 대해서도 알아보라는 제안을 주셨고, 바로 그때 "입학사정관이요?"라고 묻던 대화가 이 일의 시작이었다.

입학사정관, 그게 뭔가요? 무슨 일을 하는 직업인지, 어디서 일을 하는 직업인지 아무것도 알 수 없던 때였다. 사실 그때는 그냥 듣도 보도 못한 직업이었다. '입학사정관제'라는 명칭의 제도가 대학에서 시범사업으로 시작되고 있었을 뿐이다. 무엇보다 내가 대입을 준비하던 고3 때는 없는 제도였고 없는 직업이었던 것만은 확실하다.

2016년 세계경제포럼World Economic Forum, WEF이 발간한 《직업의 미래The Future of Jobs》에서는 2020년까지 710만 개 일자리가 사라지고, 200만 개 일자리가 생겨난다고 했다.[2] 그로부터 다시 시간이 지난 지금 또다시 많은 직업이 사라지고 생겨나고 있을 것이다. 이 세상에 직업이 이루 셀 수 없이 많다지만, 수많은 직업이 사라지고 생겨난다고 하지만, 뭔가 오래전부터 있었던 것 같은 재미없고 고지식해 보이는 이름의 이 직업은 참 생소했다.

처음 A 대학에서 입학사정관 일을 시작할 때, 부모님께서는 무슨 일을 하는 직업이냐고 물으셨다. 명절에 친척 어른들께 하는 일을 설명할 때도 그랬고, 친구들에게 내가 하는 일을 설명할 때도 그랬다.

제도가 도입된 지 2~3년쯤 되었을 시기의 나는 나 스스로도 이 일에 대하여 고개를 갸우뚱하는 때가 많았다. 사람들에게는 여전히 아주 많이 낯선 직업이었고, 이 제도권 안에 있는 대학과 고교 현장에서도 아직은 많이 생소했던 탓이다. 지금에 와서야 새삼 느끼는 것은, 아마도 모두가 하는 일이 그렇듯이, 이 직업을 통해 도대체 무엇을 어떻게 하게 될지 그 당시 나는 미처 알지 못했다는 사실이다.

제도 초기 대입 전반은 여전히 대학수학능력시험(수능) 위주의 선발이었다. 선발 규모를 조금씩 확대해가면서 제도의 적절성 여부를 검토하던 시기였다고 볼 수 있다. 그렇게 제도가 확대되면서 관련 분야에 해당하는 입학사정관을 각 대학에서 유례없이 많이 선발하던 시기가 있었다. 이 시기에 다양한 전공 분야에서 대학이 규정하는 학위 혹은 경력을 갖춘 사람들이 입학사정관으로 채용되었다. 사업 초기인 만큼 선발된 입학사정관은 대학별로 운영하는 '입학사정관 양성 교육'에 참가하여 규정된 교육 시간과 과정을 이수하고 수료했다.

A 대학에 입사하여 입학사정관 OJT를 받고, B 대학에서 입학사정관 양성 교육 프로그램을 이수하고 나니, 입학사정관이 하는 일과 해야 하는 일이 무엇인지 좀 알 것 같았다. 1년을 주기로 대학입학전형 발표부터 시작해 합격자 발표와 등록 마감

까지 이루어지는 과정을 보니 새삼 한 해가 참 꽉 차 있는 일이구나 싶었고, 배워나가야 할 것이 참 많다는 생각도 어렴풋이 들었다.

입사하고 2~3년 즈음 지났을 때였던 것 같다. 아는 분의 소개로 누군가를 만나기 위해 주말 저녁 강남역에서 내려 마늘 요리로 유명한 음식점으로 향했다. 우리는 처음 만나는 자리라는 사실을 누구라도 알아차릴 수 있는 분위기를 내뿜으며 대화를 나누었다.

"학교에서 일하신다고 들었어요, 교직원. 부럽다. 다들 신이 주신 직장이라고 하잖아요. 학과 행정실에서 일하는 거예요?"
'맞아요, 저도 신이 주신 직장이라고 들었는데, 아마도 저는 신이 버린 직장에 다니고 있나 봐요'라는 말은 속으로 삼켰다.
"입학처에서 입학사정관으로 일하는 중이에요."
"입학사정관? 그게 뭐예요?"
"우리가 대학을 가던 때랑은 많이 달라졌어요. 지금 고3 학생들은 수능 외에도 학교생활기록부……. 학교생활기록부 기억나시죠? 지금은 여러 방법으로 대학을 갈 수 있어요."
"우리는 그냥 수능으로 대학 갔는데, 요새는 복잡하네요?"

'어디서부터 어디까지 설명을 해야 하나' 하고 아주 잠깐 생각했다.

"뭐, 입학처에서 일하는 교직원이에요."

그렇지 뭐, 교직원이지. 난 왜 그걸 또 굳이 설명하려고 했을까? 대학이라는 곳은 성과나 결과 중심의 사기업과는 다른 문화가 주도하는 조직이다. 아마도 많은 사람이 떠올리고 기대하는 모습과 지금 내가 일하고 있는 대학의 현장은 조금 다르다고 말하고 싶었나 보다. 성과를 올리느라 매달 매 분기 매년 실적 싸움을 하지 않아도 되고, 인사고과에 따른 승진심사 등과는 조금 멀리 떨어진 곳은 맞는 것 같다. 그렇지만 입학처는 하루하루가 조용할 날이 없는 전쟁터 같다고, 꽤 머리 아픈 곳에서 일하고 있다고 말하고 싶었는지도 모르겠다.

한번은 오랜만에 친구들과 만났다. 서로의 일은 할 만한지, 회사 생활은 어떤지, 각자의 결혼 계획, 휴가 계획, 재테크 계획이랄 것들을 두서없이 이야기하며 깔깔거리고 웃다가, 회사에 대한 불만도 토로했다.

"일은 할 만해? 그럼 네가 고3 학생들을 대학에 입학시킨다고? 그걸 네가 한다고?"

"내가 하는 일은 맞는데, 나 혼자 하는 일은 아니지."

"와, 네가 애들을 뽑아? 그런데 입학사정관을 하려면 어떤 자격 요건이 있는 거야?"

일을 시작한 지 2~3년 차가 되었을 때 좀 더 냉혹하게 스스로 질문해야 했다. '내가 그 정도의 자격을 갖추고 있나? 외부에서 자질을 논할 때, 그 정도의 자격이 있다고 당당하게 말할 수 있나? 어느 정도면 완벽한 자질을 갖추었다고 말할 수 있을까?'

OJT를 마치고 이 일을 이해했다고 생각했던 그 오만함, 1년이 지났을 때 이 일을 좀 알 것 같았던 그 자신감은 시간이 지날수록 조금씩 엷어졌다. 모든 일이 그렇듯, 그때 알았다고 했던 것들은 내가 해야 하는 일, 어쩌면 내가 알아야 하는 것들의 아주 일부였다는 것을 한참이 지나고 난 뒤에 깨닫게 되었다.

입학사정관의 자격

어느 더운 여름, 설명회를 마치고 노트북을 정리하고 있는데 한 학생이 와서 이렇게 물었다.

"선생님, 제가 입학사정관이 되고 싶은데 어떻게 하면 될 수 있을까요?"

수많은 질문을 들어봤지만 이 질문은 참 낯설었다.

"입학사정관이요? 음, 왜 입학사정관이 되고 싶어요?"

"음……. 저는 이렇게 사람들 앞에서 설명하는 것도 좋아하고, 학교에서 학생들 만나는 것도 좋을 것 같고, 그리고 학생을 평가해서 대학생으로 뽑는 일을 하잖아요!"

'표면적으로는 학생을 선발하는 역할로만 비추어지는구나…….'

'입학사정관', 무슨 일을 하는 사람이라고 설명하면 좋을까? 누군가는 학생을 평가하고 선발하는 사람이라고 쉽게 말할 수도 있겠다. 하지만 대입 평가와 선발을 위해서 오히려 그만큼 더 많은 일을 해야 할 의무가 있기도 하다.

이 일을 시작한 지 10년이 지났을 때, 입학사정관제에서 학생부종합전형이라는 제도적 탈바꿈을 하면서 수험생 당사자, 수험생의 학부모, 그리고 고교 현장의 교사를 포함한 대입 관계자들은 입학사정관이 어떤 일을 하는 사람인지 예전보다는 잘 알게 되었다.

그렇지만 입학사정관이라는 직업을 파격적으로 알린 것은 JTBC에서 방영된 〈SKY캐슬〉이라는 드라마일 것이다. 대입을 위한 교육, 성공을 위한 대입에서 가장 나약하게 흔들리는 사람들을 자극적으로 이용하는 캐릭터로 입학사정관이 만천하에 알려졌다. 엄밀히 이야기하면 해당 캐릭터는 전前 입학사정관이자 현現 사교육기관 입시 컨설턴트인데, 캐릭터의 특성상 이전 경력을 내세워 사교육의 중심에서 더 잔혹하게 입시판을 악용하는 모습만 강조된 셈이다. 물론 드라마의 플롯에 긴장감을 더하기 위한 설정이었겠지만, 대개의 시청자는 몇몇 유행어와 악랄한 캐릭터만 기억할 뿐이다.

게다가 최근 들어 입시 부정, 금수저 전형, 깜깜이 전형이라는 어두운 타이틀 아래 늘 도마 위에 올라가는 대입제도의 중심에 있는 것도 아마 입학사정관일 것이다. 이유를 막론하고, 뒤따르는 수식어와 상관없이, 이제는 입학사정관이 낯설기만 한 직업은 아니다.

그런데 과연 나는 무슨 일을 하는 것일까? 나는 왜 이 일을 해나가고 있는 것일까? 학생, 학부모 그리고 학교 현장을 파괴한다고 일컬어지는 대입제도의 중심에 서 있는 입학사정관이 무엇을 해나가길 바라는 걸까?

무슨 계기였는지 기억나지 않지만, 어느 날 동료 선생님이 인터넷 포털사이트에 '입학사정관'을 검색해보았다. 검색 결과 중에는 모두가 턱이 빠질 만큼 기가 막히는 내용이 꽤 많았다. 사실 인터넷 포털사이트에 검색하면 나오는 이 직업의 정의는 참으로 간명하다.

대학에서 입학사정관제도에 따라 신입생 선발 업무를 수행한다.

―《한국직업사전》, 2012

이 일을 10년 해온 나는 몸으로 알고 머리로 알고 있는 일이지만, 당사자들 외에는 이 일이 어떤 일인지 여전히 모호하겠다고도 싶었다. 전 국민이 묻고 답하고, 전 국민이 믿어 의심치 않는 포털사이트에서조차 이렇게 말하고 있다면 더욱 그러하지 않을까?

우리는 다양한 매체를 통해 직업의 세계를 간접 경험한다. 그럼에도 불구하고 우리는 세상의 모든 직업을 다 알거나 헤아리지 못한다. 아주 오래전부터 우리의 생애와 함께했던 직업들은 굳이 매체를 통하지 않더라도 잘 알고 있지만 그렇지 않은 경우는 직업명을 통해 예측해본다. '아마 이런 일을 하지 않을까?' 정도. 그리고 궁금증의 크기나 궁금한 내용에 대한 집착은 대개 오래가지 않는다. 그 직업에 특별히 관심이 있는 사람이 아니고서야 뭐 그리 중요한 것은 아니지 않은가.

그래서 여전히 입학사정관이 무슨 일을 어떻게 하는지 사람들은 잘 알지 못한다. 문제는 늘 여기서 시작한다. 우리는 잘 알려지지 않은 것일수록 잘못 알기 쉽고, 오해하기 쉽다. 물론 모두가 이 직업에 대해 알아야 하는 것은 아니겠지만, 건조한 날씨에 작은 불씨가 큰 화재로 번지듯, 잘못된 인식은 문제가 발생했을 때 걷잡을 수 없는 오해를 키워나가기 쉽다.

　이 일을 시작하기 전보다 시작한 이후에 더 많이 궁금해졌다. 이 일은 누가 하면 좋을까? 어떤 사람이 자격을 갖추고 있는 것일까? 어떤 자격이 있어야 할까?

모두의 목소리를 들을 수 있다면

우리 대학에서 함께 일할 입학사정관 채용을 위한 서류 평가를
하는 중이었다. 서류를 읽어나가다 보면 만나보고 싶은 사람이
참 많다. 대한민국 굴지의 대기업에서 정년을 마치고 이제 이
대학의 새로운 브랜딩을 해보겠다는 지원자부터, 사교육기관
에서 갈고닦은 수십 년의 경력을 바탕으로 공교육과 대입이 나
아가야 할 방향을 제시하고자 하는 지원자까지. 지원서를 내는
계기와 일에 대한 동기 그리고 앞으로의 계획까지 온갖 사연이
다양하게 모인다.

그러나 사실 다양한 지원자들의 이야기를 읽다 보면, 정말

무슨 생각을 하고 있는지, 무엇을 제시해보려고 하는지 묻고 싶을 때도 있다. 물론 채용 절차가 개인의 호기심을 해결하는 과정이 아니기에 이 지원자들을 실제로 대면하기는 어렵다. 이런 서류에 호기심이 가는 이유는, 대학이라는 조직이 그리고 대입이라는 제도가 생각보다 훨씬 보수적이기 때문이다. 그래서 가끔은 외부의 새로운 자극을, 한더위에 시원한 얼음물처럼 벌컥벌컥 들이켜고 싶은 갈증을 많이 느낀다.

돌아가서, 함께 일할 입학사정관을 선발하면서 개인적으로 유념하는 부분이 있다. 과연 이 사람이 함께 일할 수 있는 사람, 함께 일하고 싶은 사람인가? 그저 나와 맞는 사람인지 아닌지를 말하는 단순한 의미가 아니다. 이 직무에 적합한 사람일지, 이 조직에 지금 그리고 앞으로 필요한 사람일지, 이 직군에서 계속 일을 해나갈 수 있을지, 어떤 영향을 미칠 것인지에 대해 나름 깊은 고민을 하게 된다.

여의도 증권가에 있는 사람들은 컴퓨터 모니터를 탑처럼 여러 개 쌓아놓고 숫자를 읽고, 분석하고, 판단한다. 화면에서 시시각각 변하는 숫자를 바탕으로 국내외 경제를 읽어나가는 일을 매일 한다. 숫자의 늪에 빠지는 일이라는 생각이 드는 것도 과언은 아니다.

각 대학 입학처의 입학사정관들도 그 못지않게 컴퓨터 모니터를 여러 개 두고 엄청난 서류를 읽어내야 한다. 여러 기관에서 발표하는 서류를 읽고, 의미를 이해하고, 이를 바탕으로 자기 대학의 서류를 만들어낸다. 무엇보다 가을부터는 수험생이 제출한 수많은 서류를 읽어내야 한다. 실로 그 양이 어마어마한 게 현실이다 보니 속도감 있게 읽을 수도 있어야 하지만, 무엇보다 제일 중요한 점은 '제대로' 읽어야 한다는 것이다.

어쩌면 문제는 지원자의 서류가 늘 재미있는 웹툰이나 소설이 아니고, 개요와 인과가 뚜렷하거나 논리정연하기만 한 글도 아니라는 점이다. 때로는 넘치는 의미를 거두어내고 부족한 연결고리를 다른 서류에서 찾아 파악해나가는 독해력이 필요하다. 헤어 나오기 힘든 활자의 늪에 빠져도 살아남을 수 있어야 한다.

질문은 서로에게 큰 효과를 불러온다고 생각한다. 나 스스로도 참 여러 가지에 질문을 많이 하는 편이다. 그래서인지 신임 입학사정관과 일을 하다 보면 질문을 참 많이 하게 된다. 지금 돌이켜보면 신임 입학사정관에게 내가 하는 질문이 또 얼마나 불편하고 어렵게 느껴졌을까 하는 생각도 든다. 하지만 이게 왜 이런 것인지, 이 정책이 왜 필요한지, 우리가 왜 이 일을 하고 있는 것인지, 스스로 그 의미를 만들고 찾아야 한다는 마음에는 변함이 없다. 그저 일이 주는 보람을 느끼기 위해서가 아니라, 이 일에 변화가 필요할 때 합당한 방향과 정당한 방법을 찾을 수 있는 힘을 길러두어야 하기 때문이다.

그저 처리해야 하는 일로 생각한다면 모든 것에 질문이 사라진다. 하라고 하는 일을 할 뿐, 늘 하던 일을 할 뿐, 달라지는 것이 없다. 매년 반복되는 일에도 변화에 따라 개선이 필요할 수 있고, 폐지가 필요할 수 있고, 전면 개정이 필요할 수 있다. 이러한 판단을 하려면 스스로 이 일의 근본에 대해 던지는 질문이 필요하다. 이런 질문을 받아들일 수 있는지, 이런 질문을 스스로 할 수 있는 사람인지도 매우 중요한 요소가 된다.

무엇보다 이 일은 자신만의 교육관과 선발관을 가지고 있어야 한다. 입학사정관은 그저 대학의 학생을 선발하는 데 그치는 것이 아니라, 이 나라 교육의 한 영역을 움직이는 일을 하고 있다고 믿는다. 적어도 나는 그런 생각과 마음을 가지고 이 일을 해왔다.

10년이라는 시간을 통해서 알게 된 것은 매년 입학사정관의 역할과 업무 영역이 변화하고 있다는 것, 어쩌면 확대되고 있다는 사실이다. 일의 경중에 상관없이 생각보다 많은 일을 하고, 생각보다 많은 것을 결정하고, 생각보다 많은 것에 영향을 주고받는다는 것도 알게 되었다.

대입제도는 고등학교 교육 과정과 학사 운영에 영향을 주고, 고입에 영향을 주고, 그 고입을 위한 중학교 교육 과정과 학사 운영에 영향을 준다. 그리고 대입의 결과는 아직까지 대한민국에서 무언가를 해나갈 때마다 이력서에 빠지지 않는 한 줄이 되어 나의 능력을 표현하는 결과치로 남는다.

그래서 대입의 제도와 결과가 학교와 학생, 학부모, 교사에게 초미의 관심사가 되고, 이들의 관심사가 되는 만큼 교육부의 애물단지 같은 업무영역이 되며, 이 나라에서는 이 문제로 불거지는 각종 사회문제와 정치문제가 있기에 늘 빼놓지 못하는 주요한 관심 정책이 된다.

그렇기에 입학사정관에게는 대학의 학생 선발이라는 일의 영역을 넘어서 교육이라는 큰 환경에 올바른 영향을 미칠 수 있는 교육관과 선발관이 필요한 것이다. 이 가치관이 지금 없다는 것 혹은 지금 어떻다는 것보다, 대학의 구성원들과 만들어나갈 수 있고 제시할 수 있어야 한다는 것이 중요한 지점이다.

주관적이면서 지극히 개인적인 욕심을 부려본다면, 이런 사람들이 모이고 모여서 각 대학에서 대입전형을 설계하고 학생선발에 참여한다면 무언가 달라지지 않을까 싶다. 적어도 학생들이 스스로 학교 안에서 무언가 해볼 수 있다는 희망은 심어주지 않을까. 물론 대학 입학사정관만의 노력으로 이룰 수 있는 꿈은 아닐 것이다. 그래도 대학에서 내는 목소리가 고교 현장의 목소리와 포개어져서 우리 앞에 놓인 낡은 틀을 하나씩 바꿔나갈 수 있기를 바라는 마음이다.

여전히 모호하기만 한 직업 기준

경제학자와 사회학자가 입을 모아 시대가 급속하게 변화하고 있음을 이야기한다. 산업혁명은 어느새 4차까지 오게 되었고, 지식을 얼마나 많이 정확하게 알고 있는가 하는 면에서는 기계의 속도를 따라갈 수 없게 되었다. 인간이 지식을 새롭게 활용하고 사유하는 능력을 바탕으로 새로운 시장을 만들어내는 것이 중요한 시대이다. 결국 시대가 요구하는 인재의 상이 바뀌고, 이에 따라 교육의 패러다임이 바뀌었다. 이러한 변화는 각급 학교의 교육 과정에도 영향을 미치지만, 그보다 더 빠른 변화는 대입제도에서 모습을 드러낸다.

점수는 결국 서열화하기 손쉬운 방법일 뿐, 한 명 한 명이 주어진 여건 안에서 얼마만큼 성장했는지 살펴볼 수 없다는 한계를 가진다. 어쩌면 소득수준과 빈부의 격차가 너무나 벌어진 한국 사회에서 학생들이 겪은 사회문화적 결핍을 학교 교육 안에서 극복할 수 없다면, 오히려 학교 교육 안에서 또 다른 결핍을 가지게 된다면, 대입에서만큼은 이 학생들의 출발점을 이해하고 현재 지점까지 학생들이 어떻게 걸어왔는지를 살펴서 역량이란 것을 판단해야 한다. 이것이 입학사정관제로 시작된 학생부위주전형의 출발점이며 지향점이라고 생각한다. 학생들의 학교생활 전반에 관한 기록인 학교생활기록부를 바탕으로 대입에서 학생 선발을 위한 전형을 기획하고, 평가하고, 결과를 분석하고, 연구하는 주체가 입학사정관이다.

대한민국의 대입 역사는 결국 시험의 역사라는 줄기에 있음을 부정하기 어렵다. 근현대를 거슬러 역사를 되짚어 떠올려도 결국 시험이 있었고, 당연히 시험을 주관하는 사람들이 있었다. 고려 시대에 지공거知貢擧(고려부터 조선 건국 초까지 문과 시험을 주관한 최고 시험관)가, 조선 시대에 시관試官(조선 시대 과거 시험의 운영과 감독을 맡았던 관원)이 있었음을 생각해보면, 입학사정관이란 직책 자체가 우리에게 새롭다고만 하기는 어렵다.

미국식 대입제도인 '입학담당관Admissions officer 또는 입학사정관이라고 불리는 전문 인력을 두고 각종 서류를 평가하여 선발하는 제도'를 차용하여 한국의 대입 정책에서 '입학사정관제'가 시작된 것은 사실이다. 하지만 지금 우리 입학사정관의 역할과 하는 일의 범주를 고려한다면 오래전부터 있었던 고등교육기관 입시라는 직무에서 완전히 벗어난 새로운 직업은 아니다. 예전과 비교했을 때 업무의 영역과 범주에 차이가 있을 뿐이다. 이렇게 연결을 지어놓고 보니 입학사정관이 엄청난 공무를 집행하는 공직자처럼 여겨진다. 하는 일의 맥락은 그러할지 모르겠으나 사실상 처우나 제도적 존립은 그와는 많이 다른 것이 현실이다.

의사, 판검사, 교사와 같이 배우고 습득한 지식의 자격을 검정받고 취득해야 하는 직업에 '사' 자가 붙는다(뭐 꼭 다 그렇다는 것은 아니다). 물론 '사' 자는 士(선비 사), 師(스승 사), 事(일 사)이기도 하지만, 그건 그리 중요하지 않다. 그 자격을 갖추기 위해서는 일정 기간 공부하고 수련하고 시험에 합격해야 하므로, 하고 싶다는 마음만으로 자격을 갖출 수는 없다. 또한 일단 그 직업에 종사하면 다양한 영역에 지대한 영향을 미치기 때문에 많은 사람으로부터 존경받게 된다. 그래서 이들은 사회에 선한 영향력을 끼칠 수 있어야 하고, 그러지 않으면 상대적으로 더 지탄받는다.

입학사정관은 그냥 단어만 놓고 보면 엄청나게 고리타분한 느낌을 주는 한자 조합이다. 입학사정관의 '사'는 '士'도 아니고, '師'도 아니고, '事'도 아니다. '査(조사하다 사)'를 쓴다. 굳이 덧붙이자면 입학(入學)을 사정(査定)하는 관(官)이다. 그런데 '官' 자가 붙어 있어서 어떤 의미에서 공직에 해당하는 듯한 분위기를 준다. 어찌 보면 '관'이라는 글자가 무색하지 않을 정도로 엄중하고 공정한 결정을 내려야 하는 일이 많기도 하다. 일의 결과가 늘 사회문제로 대두되는 '교육'문제이기에 그에 맞는 무게를 지우기 위해 '관' 자를 사용했는지도 모르겠다.

확실한 것은 공직자의 범주에는 포함되지 않는 것 같은데 학교에서 일하는 혹은 대입에 관여하는 사람으로서 지켜야 할 직업윤리가 다른 무엇보다 칼날같이 적용되고 있다는 점이다.

2007년 대입제도 개편을 위한 시범사업으로 입학 정원의 일부에 한해 입학사정관제 전형으로 학생들을 선발하기 시작하면서 각 대학에서 입학사정관을 채용하기 시작했다. 제도 도입 초기에는 시범사업으로 시작하다 보니 계약 형태로 입학사정관을 채용했고, 교직원 중 업무 직렬을 구분해서 채용한 지는 그리 오래되지 않았다.

입학사정관은 채용사정관, 전환사정관, 교수사정관 그리고 위촉사정관으로 구분한다. 생각보다 구분이 다양한 셈이다. 입학처에 근무하는 입학사정관은 수로 따지면 채용사정관이 대부분이다. 위촉사정관은 평가 기간에 일부 참여하지만, 오히려 그 수는 채용사정관보다 훨씬 더 많은 편이다. 위촉사정관의 대부분은 학교 소속 교수 중 전공 단위별 또는 학부 단위별로 위촉하기 때문이다.

고등교육법 제34조의 2에서는 입학사정관이 학생들의 전인적 성장에 기여하기 위한 대학의 학생 선발에 관한 일을 한다고 정의하고 있다(책 뒤쪽의 관계 법령 참고).

그러나 법령 어디에도 입학사정관이 몇 세 이상이어야 하고, 무슨 전공을 이수해야 하고, 최소한 어느 학위 이상을 소지해야 한다는 조항이나 규정은 없다. 없는 법령을 만들거나 그 기준을 정비하는 것보다 우리가 하기 쉬운 것은 비평이다. 그래서 한동안 입학사정관의 나이, 전공, 학위 논란이 끊이지 않았다.

대입에 관련된 일을 할 때는 어리다는 것 혹은 젊다는 것만으로도 어려운 입장이 된다. 학부모와 만나는 자리에서는 "선생님, 결혼하셨어요? 아이 없죠? 선생님 아이라고 한번 생각해 봐요"라는 말이, 교사와 만나는 자리에서는 "아유, 젊으시네. 이 일 하신 지 얼마나 되셨어요?"라는 말이 날아든다.

글쎄 결혼을 안 해서 혹은 자식이 없는 경우에는 솔직히 무한한 내리사랑과 자녀교육에 대한 의지 그 이상의 감정은 온전히 이해할 수 있는 영역의 것이 아니다. 그런데 대입 업무가 자식에게 주는 사랑으로 해야 하는 일, 혹은 부모 자식 사이의 마음으로 해야 하는 일이라고 할 수 있을까. 공정성과 평가의 타당성, 기회의 균등성을 논하면서 팔이 안으로 굽는 부모의 감정을 내세우는 건 어쩌면 적절하지 않을지도 모른다.

젊다는 것은 학부모나 교사에게 '경험이 부족하고, 그 분야에 전문성이 부족하지 않을까?' 같은 염려를 앞서게 할 수 있다. 모든 일과 그 일을 하는 사람에게는 절대적으로 필요한 시간이 있다. 하지만 경력이 오래되었다고 그 분야의 핵심을 관통하는 능력이 있는 것이 아님을 우리는 이미 많은 사례를 통해서 접하고 있다. 무엇보다 누군가 가진 경력이 화려하지 않을 수는 있어도 그게 결코 능력이 적음을 대변하는 것은 아니라는 점을 기억해주었으면 한다.

어쨌든 입학사정관의 자격과 적절성을 논해야 하는 자리에서도 정작 그 본질은 비추지 않고, 쉽게 말하기 좋은 나이, 성별, 결혼 여부 따위로만 가늠하는 현실이 아직 존재하는 것 같아 조금 씁쓸해진다.

누군가에게는 전문직,
누군가에게는 소멸직

입학사정관은 엄청난 수련 기간이 있는 것도 아니고, 국가고시
에 해당하는 자격시험이 있는 것도 아니다. 고등교육 이상을 이
수한 자가 대학 행정과 교육 관련 업무를 이해하고, 꽤 많은 시
간 교육을 받고, 실제 업무에 투입될 뿐이다.

사실 업무의 영역이나 업무가 사회에 미치는 영향을 놓고 본
다면 상당한 책임감을 지녀야 하는 직업이 확실하다. 그리고 이
곳에서 취득한 업무 지식은 교육 현장에 특화된 것, 어쩌면 제
한된 것이 대부분이다.

전문직이라고 하는 의료, 법, 교육 분야의 직무는 언뜻 이직

이 참 수월해 보인다. 발령에 따른 이직이 아니더라도, 의사가 병원을 옮기는 일, 교사가 학교를 옮기는 일이 그렇다. 입학사정관이 대학을 옮기는 일 또한 사회문제를 야기하는 수준이 아니다. 그런데 이상하게도 입학사정관이 대학에서 학생 선발을 하다가 사교육기관으로 이직하기를 원한다면 3년이라는 제한을 둔다(책 뒤쪽의 관계 법령 참고).

교사가 학교에서 사교육기관으로 이직을 할 때 제한이 있던가. 판검사가 퇴직하고 변호사 개업을 할 때 제한이 있던가. 물론 공익과 선의를 추구하는 일에서 사익을 추구하는 업태로 변경되었을 때 불거질 문제를 모르는 것도 아니며, 도외시하려는 것도 아니다.

비정규직으로 일하는 입학사정관들은 2년마다 한 대학에서 다른 대학으로 이동하기 바쁘다. 물론 중간에 아예 이 직업에서 이탈하는 경우도 적지 않다. 업무 만족도가 높고 안정된 처우가 있다면 과연 이들이 직업군에서 이탈하려고 할까. 업무 강도는 두 번째 놓고 보더라도 조직 내에서 받는 처우가 합당하다면 이렇게 메뚜기처럼 대학을 옮기다가 끝낼 일일까.

예전에 비하면 입학사정관의 정규직 비율이 증가한 것은 사실이다. 기존의 입학사정관이 정규직으로 전환된 사례는 손에 꼽지만, 정규직으로 선발하거나, 프로젝트 기반이라는 조건으로 무기계약직으로 전환되는 일도 있다. 한국 사회에서 고용 형태는 업무의 영역과 권한을 제한한다. 제도적으로 완비되지 않은 입학사정관의 제도적 존립 근거는 뭘까. 결국 '신분 안정화'라는 무의미한 정책 아래 오히려 새빨간 거짓말 같은 통계수치만 낳는다.

입학사정관이 전문성을 함양할 수 있도록 제도화된 자격 검증을 갖추고 있는가? 이러한 제도는 누가 만들어야 하는가? 얼마만큼의 기간에 어떤 내용을 다루어야 하는가?

예전에 입학사정관 양성 교육을 교육부 지원 사업으로 운영했던 대학들도 그 방식과 내용 그리고 기준 이수 시간에 조금씩 차이가 있었다. 다루는 내용은 어느 정도 유사하다고 볼 수 있지만, 대학별로 규정이 각양각색이었던 것이 사실이다. 이때는 현직 입학사정관도 현직 교사들도 입학사정관에 관심 있는 사람들도 모두 수강할 수 있었다. 당시에는 국고지원 사업을 받아 대학 교육기관에서 운영하던 교육사업 외에도 민간 사설기관에서 운영하던 입학사정관 양성 교육 프로그램까지 있었다.

지금은 어느 대학도 공개 과정의 입학사정관 양성 교육 프로그램을 운영하고 있지 않다. 대학 자체적으로 내부 입학사정관 대상 교육 프로그램을 개발하여 운영한다. 입학사정관 교육 훈련 측면에서 교육부 사업을 포함하여 대학 자체적으로도 그 중요성을 인식하고 있으므로 많은 시간을 투자하고 많은 재원을 들여서 다양한 방법으로 교육훈련을 진행한다. 적어도 그 실효성을 검증한다거나 구체적 내용을 모두에게 공개하기 어렵다고 할지언정 대학은 나름의 노력을 하고 있다고 말하고 싶다. 하지만 모든 대학의 여건이 같거나 비슷하지는 않을 것이다.

　어떤 사람이 입학사정관이 되어야 하는가. 어떤 역량과 자질이 필요한 것인가. 이것을 어떻게 검증할 것인가. 제도가 시작된 지 10년이 지난 지금, 앞으로 내디딜 필요성이 조금이라도 남아 있다면 이 부분은 반드시 짚고 넘어가야 한다고 생각한다. 외부의 시선을 의식해서가 아니다.

　물론 한국대학교육협의회 산하 고등교육기관에서 '입학사정관 교육 프로그램'을 운영하고 있다. 사실 이 과정이 필수는 아니다. 게다가 3박 4일 혹은 4박 5일 과정으로 모든 것을 이수할 수 있을까? 이 과정을 적극적으로 활용하든, 새로운 제도적 절차를 마련하든, 이제는 입학사정관의 전문성 구축 문제와 관련해 더 이상 뒤로 물러설 곳이 없다.

의사는 예과 2년, 본과 4년, 인턴 1년, 레지던트 4년을 거쳐 전문의 시험을 본다. 교사도 교직과정을 이수하며 교생실습을 거치고 교원자격증을 취득한다. 공립학교의 경우는 교원임용고사에 합격해야 한다. 그리고 일정한 경력을 쌓은 뒤에 1급 정교사 연수를 거친다. 물론 형식적인 절차라고 일컫는 사람도 있을 것이다.

그런데 묻고 싶다. 과연 형식에만 그친다고 할 수 있을까? 이 과정에서 이들은 성장할 수 있는 자극에 노출되고, 필요한 자질을 갖추는 방향으로 한 걸음 나아갈 수 있게 된다. 이런 과정이 전혀 없는 입학사정관은 이대로 괜찮을까?

그런데 여기서 중요한 것은 '입학사정관이 의사나 교사와 비슷한 과정을 거칠 필요가 있는가?' 그리고 '이런 과정을 거칠 만큼 제도적으로 잘 정비된 직업인가?' 하는 부분이다.

입학사정관의 전문성과 자질을 논하기에 앞서 입학사정관을 정의하는 법령에서부터 자격을 마련하고 그 자격을 갖출 수 있는 과정을 수립해야 한다. 공인된 과정과 검증이 있어야만 이 직업이 대학 조직 내에서 입학과 관련된 일반적인 교육행정을 넘어서는 전문성을 요구하는 직업임을, 혹은 전문성을 갖추기 위해 부단히 노력해야 하는 일임을 인정받을 것이고, 대학 밖에서도 입학사정관의 전문성에 대한 의심을 조금은 거두게 될 것이다.

누군가는 '전문직'이라 말하고, 누군가는 '소멸직'이라 말한다. 누군가는 '전문직이어야 한다'라고 말하고, 누군가는 '전문직에 해당하지 않는다'라고 말한다. 전문직이어서 해야 할 일도 많고, 하지 말아야 할 일은 더욱 많다. 그런데도 그 전문성을 인정하는 사람보다 의심하는 사람이 더 많은 현실 앞에서 종종 착잡해진다.

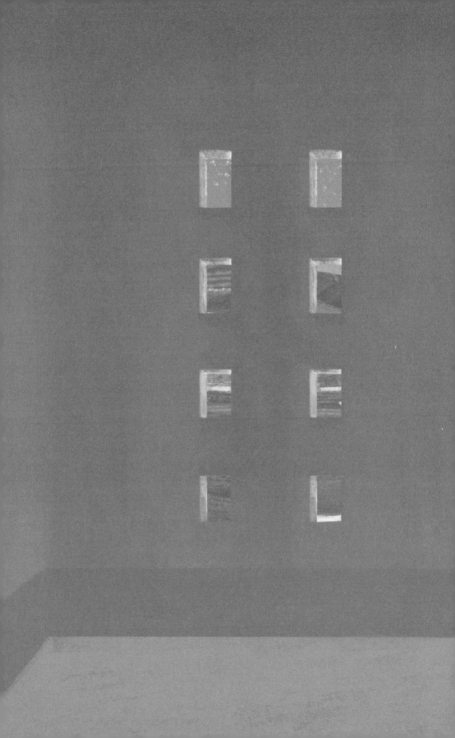

여름

∘ ∘ ∘

PART 3

대학에서는 봄이 끝나가고 여름이 시작될 무렵이면 축제 시즌이 된다.

대학별로 내세우는 대표 축제도 많다. 하지만 대학별 대항전보다 더 관심이

쏠리는 것은, 어느 대학 축제 공연에 누가 초청되어서 출연하는가이다.

출연진 라인업이 끝나면 대학가는 들썩인다.

대학에서 일하는 또 하나의 재미는 야근하다가 슬쩍 가서 공연을

볼 수 있다는 것! 사실 보지는 못해도 들을 수는 있다.

한바탕 축제가 끝난 캠퍼스는 일요일 오전 10시의 거리 같은 느낌이 든다.

해가 쨍 나 있는데 한적한, 전날 뭔가 휩쓸고 지나간 느낌.

그리고 이제 기말고사를 위한 달리기가 시작된다. 취업이 무서워 졸업도

미루는 선배들을 보며, 스무 살이 되면 무엇이든 거침없을 것 같았던

치기는 옅어지고, 스무 살이 넘은 학생들이 이제는 현실과 어디까지 타협할

것인지 스스로 고민하기 시작한다. 선배에 이끌려 가던 농활도, 걱정 반

설렘 반이었던 배낭여행도, 뭐에 홀린 듯 국토 종주를 하던 모습도 많이

사라졌다. 지금은 아르바이트와 자격증 취득, 계절학기 수강으로 눈코 뜰 새

없이 바쁜 모습이다. 그런데도 지금 우리의 청춘은 뜨겁고, 뙤약볕 아래에도

아름드리나무는 눈부시게 푸르고, 한철 매미는 지칠 줄 모르고 울고 있다.

.summer.

공부하기 싫은 건 누구나 매한가지

캠퍼스에 여름이 찾아온다. 녹음이 우거진 산과 들과 바다를 마음껏 눈에 담아야 한다. 이 시기가 지나면 가을부터는 이런 자연을 픽셀로 연주하는 모니터만 온종일 마주하고 있어야 하기 때문이다.

1학기 기말고사까지 끝나면 이제 여름방학이 시작되지만, 고3 수험생에게는 그냥 공부하는 여름일 뿐이다. 안타깝지만 여느 계절과 다를 바 없다. 수시 원서 접수를 앞두고 학교생활기록부는 8월 말일 자로 마감되기 때문에, 일부 대학이 요구하는 자기소개서 쓰기와 일부 대학에서 운영하는 면접 준비 그리고 11월에 있을 수능 공부뿐이다.

한편 고등학교 교사에게는 학교생활기록부 마감을 앞두고 학생 한 명 한 명에게 해당하는 내용을 입력하고 확인하느라 눈에 핏대가 서는 시기이다. 그리고 학원가에는 여러 과목의 특강과 대입 준비 특강 등에 수많은 학생이 몰린다.

대학에서도 공부가 한창이다. 대학생들은 봄학기 기말고사를 마치고 배낭여행, 워킹홀리데이, 어학연수, 교환학생 등을 준비하기도 하고, 이제 본격적으로 취업을 위한 각종 시험에 대비하고 자격증 취득을 준비하기도 한다.

그리고 또 공부에 매진하는 사람들이 바로 입학사정관이다. 대학별로 차이가 있겠지만 봄부터, 늦어도 여름부터는 입학사정관 교육이 시작된다. 위촉사정관을 위촉하고 본격적인 교육과정을 진행한다.

물론 입학처에서 일하는 입학사정관 대상으로는 사실상 1년 내내 연간 교육이 진행되고 있다. 게다가 이들은 신임 비율이 낮으므로 기본 이론보다는 정책 결정을 위해 선행되어야 하는 것과 새롭게 숙지해야 하는 것 위주로 실무적인 교육이 진행된다. 반면에 위촉사정관의 경우 (신임과 연임의 비율이 정해져 있는 것은 아니지만) 신임의 비율이 낮지 않기 때문에 기본 이론부터 늘 새롭게 다진다.

해당 학년도 대입전형을 위해 입학사정관은 고등학교 교육 현장이 어떻게 변화하고 있는지, 학교에서 학생들이 무엇을 어떻게 배우고 있는지, 이런 것들이 어떻게 평가되고 기록되는지, 실제로 학교생활기록부는 어떻게 기재되고 무엇이 달라졌는지, 어떤 유의점이 있는지, 올해 우리는 어떤 서류를 어떻게 평가해야 하는지, 지난해 지원하고 선발된 학생들은 어떠하였는지 등등 수많은 내용을 다루게 된다.

현장의 전문가를 초청하기도 하고, 관련 도서나 영상을 함께 보고 읽으며 토의할 때도 있다. 봄부터 여름까지 외부 일정이 많은 시기에 시간을 쪼개고 만들어 한데 모이는 것이다. 많은 대학이 매년 평가 시즌에 앞서 진행하고 있을 교육훈련의 과정이다. 매년 고등학교 현장과 대학 그리고 대입제도의 이슈가 달라지고 있으므로 이 업무를 위한 공부 시간은 늘 필요하다.

대학 자체적으로 열리는 내부 입학사정관 대상 교육 외에도 대학별로 입학사정관 또는 교육 관계자를 대상으로 진행하는 콘퍼런스 형태의 교육이 진행되기도 한다. 한국대학교육협의회 산하 고등교육연수원에서 제공하는 입학사정관 직무연수 프로그램들도 1년 내내 계획되어 있지만, 평가를 앞둔 입학사정관에게는 봄부터 여름이 가장 중요한 시기이다.

어떤 교육보다 제일 치열한 교육 과정은 모의평가이다. 신임과 연임 입학사정관이 함께 전년도 지원자의 서류를 여러 가지 방식으로 평가한 결과를 두고 토론한다. 무엇을 어떻게 읽어내야 할지에 대한 논의는 생각보다 치열하다.

숫자와 글자의 맥락을 객관적으로 이해하고 공유할 기준을 찾아가는 가운데 여전히 객관화된 지표만이 제일 신뢰할 수 있는 것이라고 맹신하는 사람들을 설득해야 하기도 하고, 학교생활기록부가 가지는 부득이한 여건의 차이에 관해서도 설명해야 한다. 또 이를 통해 우리가 무엇을 읽어야 할지, 어떤 것들을 유의해야 하는지, 무엇이 또 달라졌는지 등에 관해 정말 오랜 시간 이야기를 나눈다. 서로 의견이 나뉘어 한 치의 양보도 없이 각자의 의견을 개진하다가 마침내 합의점에 이르는 과정은 적지 않은 피로감을 안겨주지만, 또 그만큼 의미 있는 과정이 없다. 모두가 달라진 생각을 공유하고, 다시 그 의견을 맞추어 가는 것은 결코 쉬운 일이 아니다.

수치화된 것들을 단순 계산하는 평가 방식(정량평가)에 비하면 이 평가 방식(정성평가)은 경제적이지 못한 게 분명하다. 꽤 오랜 시간 고민해야 하고, 꽤 오랜 시간 토의해야 한다. 이 평가 방식이 완전무결하지는 않더라도, 또한 바로 그렇기에 대학의 입학사정관은 대학의 인재가 될 학생들을 놓치지 않으려는 마음으로 서류의 면면을 샅샅이 살펴보기 위한 공부에 매진한다. 그리고 이렇게 선발된 학생들이 학과 내에서 어떤 수업 태도와 결과를 보이는지를 직접 목도하는 교수도 어느새 이 평가 방식에 미래를 투영한다.

한번은 어느 고등학교에서 전체 교사 대상 특강을 요청하여 방문한 적이 있다. 대입 정책 흐름에 맞추어 고등학교 교육 과정에서 좀 더 준비할 수 있는 것이 있는지, 학교 프로그램을 개선하기 위해 학생들에게 좀 더 유익한 것이 무엇일지를 논의하기에 앞서 마련된 자리였다.

예정된 2시간 중 1시간이 지났을 때였다. 한 교사가 자기 몸을 한껏 웅크려 앞사람의 몸 뒤에 가리고는 "집에 갑시다!" 하는 것이다. 대입 정책이 코미디같이 흐를 때도 있지만, 대개는 통계와 분석을 토대로 사례를 이야기하게 되니 그렇게 재미있기만 하겠나. 그렇지만 교내 전체 교육장에서 교사가 보일 태도는 아니었다. 예정된 시간이 지난 것도 아니고, 당당하게 눈을 마주치고 이야기하지도 못하면서 말이다.

공부하기 싫은 마음이야 이해 못 하는 바 아니지만 이런 경우는 또 처음이었다. 행사 담당 교사도 놀랐는지 이런저런 이야기를 에둘러 말했다. 하지만 변화하는 대입 환경에 맞추어 공부하겠다는 의지를 보이는 교사의 열정에 보답하고 싶어서 찾아간 특강 자리에서, 돌아올 때 가지고 온 것은 허탈한 마음뿐이었다.

본의 아니게 그 학교를 다시 접한 것은 지역 설명회 자리였다. 설명회가 종료된 뒤 한 학생이 찾아와 조용히 질문을 하는데 근처에 있는 바로 그 고등학교에 다니고 있는 고3 학생이었다. 본인은 학생부종합전형으로 지원하고 싶은데 학교 선생님이 우리 대학은 학생부종합전형으로 지원하면 합격이 안 되니 논술전형으로 지원하라고 했다는 것이다. 너무나도 안타까운 상황이었다. '그날 특강에서 나는 무엇을 이야기하고 돌아왔는가?' 하는 답답한 마음이 들면서도, '이 학생에게 무슨 잘못이 있을까'를 마음에 새겼다. 이럴 땐 내가 할 수 있는 일이 별로 없다는 생각이 머릿속을 떠나지 않는다.

물론 그 반대의 경우도 있다. 한번은 지금까지 어떤 전형으로도 지원한 사례가 없는 고등학교에서 설명회 신청이 들어왔다. '이런 곳을 정보소외지역이라고 하는구나!'라고 직접적으로 체감할 수 있는 고등학교였다. 실제로 가서 보니 학생들이 학교 외에는 도움을 받을 수 있는 곳이 없어 보였다.

이 학교에 새로 발령받은 교사가 학생들에게 새로운 자극이 필요하다고 생각하여 '대학이라는 곳이 어떤 곳인지, 고등학교 생활을 어떻게 하는 것이 좋을지, 어떻게 하면 대학에 갈 수 있는지' 알려주고 싶어서 프로그램을 기획하고 여러 대학에 요청했다고 했다. 이 학생들이 당장 우리 대학에 지원할 수 '있고' '없고'가 중요한 것이 아니었다. 어쩌면 학생들에게 새로운 세상이 있음을 알려주는 진로 교육의 장이었다. 학교에서 특별한 지원을 해주는 것은 아니지만, 적어도 한 교사가 뭘 해보겠다는 걸 굳이 말리지는 않는 분위기로 시작된 프로젝트인 셈이다.

늦은 시간에 먼 곳까지 와주어서 감사하다며 본인이 기획한 프로그램의 취지와 인근 지역의 교육 여건 등을 땀이 송골송골 맺힌 채 설명하던 모습에서 작지만 기대할 수 있는 희망 같은 것을 보았다. 교사 본인도 학생들과 같이 설명회를 듣고는 설명회 종료 후 학생들이 모두 교실로 돌아간 뒤에 이것저것 메모한 내용을 질문하던 모습이 아직도 잊히지 않는다. 정보가 닿지 않고 여건이 잘 형성되지 않은 곳에서도 학생들을 위해서 교사 본인이 적극적으로 자리를 마련하고 공부하는 모습을 보면서 '내가 할 수 있는 일이 있어서 다행이다'라는 생각을 했다.

이 두 이야기가 교사의 양극단으로만 보일까 염려된다. 사실 이제껏 내가 만나온 수많은 학교의 교사들이 이런 모습으로 대표되지는 않는다.

교사가 해야 할 일에 수업보다 행정이 늘어나는 문제가 쟁점이 된 적이 있다. 교사의 담당 교과 수업 외에 생활지도, 각자의 보직에 따른 교무 업무, 그리고 진학지도까지. 교사가 아닌 이상 다 알 수는 없지만, 어렴풋이 살펴보아도 해야 할 일이 많기도 하다. 학교와 교사는 어디까지 학생들을 돌보고 가르쳐야 할까. 물론 예민한 학교와 교사의 부단한 노력은 학생들에게 선명한 영향을 준다. 하지만 모든 문제의 정답을 찾아주는 게 학교와 교사의 역할은 아닐 것이다.

교사가 한국에 있는 384개 대학(2020년 교육통계연보의 고등교육기관 중 대학원 과정 제외)[3]의 대입전형을 모두 이해하고 학생 개인별로 맞춤화된 정보를 제공하는 것은 현실적으로 불가능하다. 고등학교와 교사가 학생에게 우선하여 제공해야 하는 것은 진로 선택 과정으로서의 대학이라는 교육기관의 의미를 학생 스스로 생각해볼 수 있는 시간이다. 그리고 대학이 필요하다고 판단하는 학생들에게 자신의 진로 방향을 찾을 시간을 마련해주고, 관련된 정보를 찾아볼 방법을 제공해야 한다.

고3이 되어서 혹은 고2 때 몇 차례 참석하는 대학별 대입설명회는 학생들이 차분하게 자신의 진로를 고민할 시간이 되기에 충분하지 못하다. 대입설명회는 대학 진학을 목표로 학생에게 맞는 대학과 전공, 입학전형을 탐색하기 위한 보조 자료일 뿐이다. 대입을 단순히 진학의 과정이 아닌 진로를 탐색하고 전공을 알아보고 그에 맞는 대학과 입학전형을 선택하는 과정으로 설계한다면, 학생들이 고등학교 안에서 제공받는 정보를 신뢰하게 될 것이다. 그다음은 학생 자신의 몫이다. 그렇게 알게 된 내용을 바탕으로 본인이 나아갈 방향과 방법을 스스로 탐색하고 선택해야 한다.

우유 하나도 깐깐하게 고르는 세상인데

주말이면 꼭 목욕탕을 다녀오는 길에 바나나맛 우유를 사서 마신다. 별것 아닌 일상이지만 허기짐을 달래주고 개운함에 단맛까지 더해주는 나만의 힐링 방법이다.

마트에서 유제품 진열대로 가면 우유 종류가 셀 수 없이 많다. 200밀리리터부터 2리터에 이르는 용량 차이는 물론, 종이팩, 플라스틱 통과 같은 서로 다른 용기 재질에, 제조회사도 다양하다. 고칼슘, 저지방, 무지방, 멸균우유뿐 아니라 바나나맛, 초콜릿맛, 딸기맛, 커피맛 외에 맛도 가지각색이다. 심지어 바나나맛 우유는 노란색이 아니라는 기본 명제를 뒤집는 우유도 나와 있지 않은가.

별다른 고민을 하지 않고 항상 마시던 우유를 고르려다가, 주변을 보니 이것저것 살피며 우유를 고르는 사람들이 눈에 들어왔다. 종류가 많아도 너무 많으니 무엇이 어떻게 다른지, 무엇을 고려해야 할지 알기가 어렵다. 결국 먹어본 맛과 안 먹어본 맛 사이에서 고민하다가 그냥 브랜드로 선택을 하게 된다. 선택권이 많아진 만큼 결정하는 과정에는 더욱 큰 노력이 필요하다.

2020년 교육통계연보에 따르면 국내 개설된 고등교육기관은 429개(대학교 191개, 교육대학 10개, 전문대학 136개, 그 외 92개)로 집계된다.[4] 한국대학교육협의회 관계자가 아닌 이상, 이 고등교육기관을 다 열거할 수 있는 사람은 많지 않을 것이다.

10년 전쯤 학부모들 사이에 화제가 되던 서글픈 농담이 있다. '아이가 어릴 때는 천재인가 싶어서 아인슈타인 우유를 먹였는데, 학교에 보내보니 천재는 아닌 것 같아서 서울우유로 바꿨다. 그러다 중학교에 가니 서울대는 못 갈 것 같아서 연세우유로 바꿨다. 막상 고등학교에 보내보니 건국대라도 갈 바라는 마음으로 건국우유로 바꿨다. 그러다 고3이 되어보니 지방에 있는 대학이라도 가길 바라는 마음에 저지방우유로 바꿨다. 그런데 막상 대학에 가보니 인생 별거 없고 그저 행복하게만 살기를 바라며 빙그레 우유로 바꿨다'라는 이야기이다. 대학 만능주의가 만연하고 대학 학위가 사회이동의 사다리로 작용하던 세대의 자조 섞인 농담이 아닐까 싶다.

오늘날 대한민국에서 어떤 대학을 안다는 것은 무얼 뜻할까. 단순하게는 인지도나 선호도에 따른 결과를 의미할 뿐이다. 그렇다면 우리가 대학의 무엇을 알고 있어야 실제로 그 대학을 잘 안다고 할 수 있을까. 이제는 고착화되어버린 대학 서열은 없어져야 한다고 외치면서 계급과도 같은 위치를 고수하려는 사람들이 오히려 더 많기에 대학 이름은 어느새 브랜드가 되었다. 우리는 브랜드로서 대학을 선택하는 셈이다.

그 많은 대학을 다 알지도 못하는데, 대학별로 구성된 대입제도를 이해하고 전형 방법을 선택하는 것은 쉬운 일이 아니다. 겉으로 보기에는 같은 것도 같고, 읽어보면 다른 것도 같은 대입전형은 그저 복잡하게만 느껴진다.

입사 초기에는 나 역시 수험생과 마찬가지로 많은 정보 속에서 헤맸던 것 같다. 3년 차가 지나면서는 '왜 이 정도를 모르고 있지? 당연히 이 정도는 알아야 하는 것 아닌가?' 싶다가, 5년 차가 되면서부터는 '그래, 사실 어려운 게 당연하기도 해'라는 생각이 들었다.

학생이라면 난생처음 겪는 대입일 것이고, 학부모라면 본인이 대학을 졸업한 지 20년 이상은 지났을 것이다. 초등학교-중학교-고등학교의 학습 내용은 사실 나선형 교육 과정처럼 작은 개념을 점점 더 확산해나가는 형태이기도 하고, 또 그 곁에는 학습을 도와주는 교사가 있다. 그러므로 낯선 것일지라도 이해하고 응용하는 데 문제가 없다. 그러나 대입이라는 것은 너무 갑자기 크게 다가오는 데다가 도통 모르겠기만 한 블랙홀 같다.

입학처에 걸려오는 전화는 매일 적게는 몇십 통, 많은 날은 몇백 통 정도이다. 대부분의 전화 문의는 매우 간단한 질의이거나 매우 당황스러운 요청이다. 이를테면 모집 요강만 읽어보면 모두가 단번에 알 수 있는 단편적인 내용을 묻거나, 합격 가능성을 예측해달라는 무리한 요청이거나, 대입제도에 대한 불만 사항을 토로하거나, 개인적인 어려움을 하소연하는 내용이다. 어떤 문의 전화는 아예 아무것도 모르겠으니 나에게 모든 걸 설명해달라, 혹은 모집 요강을 찾아보기도 어렵고 찾아볼 시간도 없으니 지금 당장 설명해달라는 식이다.

동전을 넣고 원하는 음료를 뽑아 먹는 자판기처럼 뚝딱뚝딱 답을 해주길 원하는 수화기 너머의 사람들과 콜센터처럼 간단한 질문에 대한 답을 수백 번도 더 하고 있거나, '1+2=3'이고 '2×3=6'처럼 단순 계산으로 나올 수 있는 답이 아니라고 설명하는 전화 통화는 늘 동상이몽이다.

대학별로 전형의 수가 제한이 없던 시기, 2013년 한국대학교육협의회 홈페이지에 공지된 전국 215개 4년제 대학의 2014학년도 수시와 정시의 전형 유형을 조사한 결과, 그 수는 모두 2,883개였다.[5] 대학별로 수시모집이 주요하게 자리 잡으면서 더 우수한 학생을 선발하기 위하여 대학 특성이 반영된 전형을 설계하여 발표하기 시작한 것이 우후죽순처럼 늘어났다.

그 덕분에 대입을 준비하는 학생 입장에서는 더욱 혼란스러워졌던 게 사실이다. 학교 공부와 수능은 물론 수시까지 준비하려니 그만큼 많아진 정보를 또 공부해야 하는 상황이 된 것이다. 이럴 때 발 벗고 나서는 학부모로서는 더더욱 복잡할 수밖에 없다.

2015학년도부터 교육부 정책에 따라 대학들은 전형 유형을 간소화하고 전형 명칭을 통일하기 시작했다.[6] 전형 유형에 따른 전형 간소화와 전형 명칭 통일은 수험생과 고등학교의 혼란과 부담을 조금이라도 줄이려는 방안이었다. 이뿐만 아니라 대학별로 전형 유형의 수를 수시 4개, 정시 2개 이내로 제한(정원 내 전형 기준)하고 있어서, 대학의 학생 선발 전형 수는 대폭 축소되었다.

그런데도 여전히 대학별로 학생부종합전형 내에서도 조금씩 차이가 있다. 현재 기준으로 말하면, 한 대학에서 학생부종합전형으로 두 가지 전형을 운영한다고 했을 때, 학교생활기록부와 자기소개서가 반영되는 서류 평가 100퍼센트로 학생을 선발하는 F 전형과 1단계에서 학교생활기록부와 자기소개서로 서류 평가를 하고 2단계에서 면접을 진행하는 G 전형은 서로 다른 유형으로 분류된다. 같은 학생부종합전형이라고 할지라도 전형 방법에 차이가 있다는 뜻이다.

그렇지만 모든 대학의 전형 유형과 전형 명칭은 대학별로 다른 것이 아니라 표준화된 특징을 기준으로 분류된다. 대입전형의 기본 원칙을 조금만 이해하고 들여다보면 대입전형이란 게 그렇게 복잡하지만은 않다.

대입전형 방법이 하나로 일원화되기를 바라는 사람들에게는 여전히 지금의 대입전형은 복잡하기 짝이 없는 구조일 것이다. 모든 대학의 학생부종합전형이 동일하지 않다는 말은 평가 기준과 평가 방식에 조금씩 차이가 있다는 것을 뜻한다. 또한 모든 대학의 학생부교과전형이 동일하지 않다는 말은 반영하는 교과목과 과목별, 학년별 반영 비율 등이 다르고, 수능최저학력기준의 포함 여부도 다르다는 것을 뜻한다. 그런 까닭에 준비하는 입장에서는 복잡하고 머리 아픈 일이 아닐 수 없다.

하지만 이 정도의 차이도 없이 대입전형이 동일하게만 운영된다면 대학별로 선발하고자 하는 학생들의 특징마저도 앗아가는 것이 아닐까. 학생부교과전형의 교과 반영이 모두 동일하다면 결국 고교와 개인의 상황과 무관하게 교과 성적을 전국 단위로 줄을 세워 선발하는 것과 다를 바 없고, 이미 불이 지펴진 내신 경쟁에 기름을 붓는 격은 아닐까. 결국 또 다른 요소로 일원화된 방식 아래 학생을 선발하게 되는 셈이다.

현재 전국 대학의 대입전형이 분명하게 대학의 특성을 반영하면서 수험생의 혼란을 완전히 없애줄 구조로 설계되어 있다고는 말하지 못하겠다. 대학은 나름의 자구책을 마련한 것이지만, 여전히 대입을 한눈에 이해하기에는 복잡한 전형들이 남아 있기 때문이다.

그렇지만 지금은 대학별로 전형의 개수와 명칭 등 여러 측면에서 전형이 간소화되었고, 다양한 자료를 통하여 대입에 어려움 없이 접근하도록 친절한 설명을 제공하고자 노력하고 있다는 것은 짚고 넘어갈 부분이다. 모든 것을 하나의 기준으로 평가해 1등부터 죽 줄을 세우는 방식의 옳고 그름을 논하지 않더라도 말이다.

우유 하나 사는 것과 대입전형을 선택하는 것, 이 두 가지는 서로 비교할 수 있는 수준의 것이 아니며, 엄연히 다른 가치의 문제이다. 어떻게 보면 이 나라에서 인생의 특별한 관문이라고 여겨지는 대입의 의미는 특별하다 못해 유별나다고도 볼 수 있다. 다만 우유 하나 사는 것도 이리저리 살피고 꼼꼼히 비교하면서 대입은 동전을 넣고 누르면 뚝딱 나오는 음료 자판기처럼 쉬운 일이기를 바라는 것은 조금 난센스 아닌가.

지금은 대입에 관한 정보가 무분별하게 흩날릴 정도로 많다. 그 정보가 사실인지 아닌지는 중요하지 않고, 누가 만든 정보인지도 중요하지 않다. 많은 양의 정보 속에서 사이비를 골라내고 필요한 진짜를 찾아야 하는데 이것만큼 어려운 일이 또 없다.

그러다 보니 고등학교에서 진학 상담도 진행하고 대학에서 많은 자료를 공개하고 있음에도, 자신에게 꼭 맞는 내용을 간략하고 효율적으로 알고 싶은 마음에 비용을 내면서까지 컨설팅을 받으러 나서게 된다. 온라인에서 익명으로 형성되는 여론에 휩쓸리는 일도 다반사다. 그럴듯한 통계자료나 특별한 사례가 합격 전략으로 둔갑하여 조바심이 앞서는 사람들에게는 꼭 신뢰하고 싶은 자료 역할을 하게 된다.

각 시도교육청에서는 고등학교 교사들의 이해를 돕기 위해 매년 전국 대학입시 모집 요강을 요약하여 자료로 발간한다. 그 외 개별적으로 출간되는 자료도 있다. 아무리 요약이 되어 있다고 하더라도 적게는 1~2권, 많게는 10권 남짓 되는 이 책자는 거의 사전 수준이다. 모르는 한자를 발견했을 때 찾아보는 자전과 다를 바 없기에 전체 교사의 대입 진학지도 업무에 방향성을 제시해주기는 어려운 것이다.

어떤 학부모는 각종 설명회에 참석하면서 적극적으로 자녀의 대입 활동에 참여한다. 그 정보가 학생한테 다 전해지는지는 알 수 없지만. 반면에 어떤 학부모는 자녀의 대입에 신경을 써줄 시간적, 물리적 여력이 없다. 이럴 때 학생 스스로 '알아서 잘' 해내거나 학교에서 도움을 잘 받으면 좋겠지만 그것도 쉬운 일이 아니다.

결국 쏟아지는 정보를 필요에 맞게 선택하기도, 주어지는 정보를 자신에 맞게 적용하기도 어려운 현실이다. 정보의 많고 적음이 문제가 아니다. 무엇을 어떻게 선택하고 수용해야 하는지 혼란스러운 상황 자체만으로도 이미 정보의 불균형 상태인 셈이다. 대체 어디서부터 잘못된 것일까.

모든 학생이 고등학교 과정에서 자신을 충분히 탐색하여 진로를 결정짓는 것은 현실적으로 어려운 일이다. 학교 환경이 미래에 도래할 사회를 모두 포함할 수 없기도 하고, 주도성을 많이 잃어버린 학생들 입장에서는 당장 해결해야 하는 일이거나 당장 보상이 따르는 일이 아니기에 적극적이지도 않다. 어쩌면 이 모든 다양성을 인정하고 각자에게 맞는 대입제도를 선택할 수 있어야 할 것이다.

대학은 대입전형을 통하여 다양한 기회를 제공하고 있고, 대입전형을 선택하는 데 필요한 유의미한 자료를 생각보다 많이 그리고 자세하게 제공하고 있다. 그러니 이를 통해 학생 스스로 대입 준비를 해나갈 수 있도록 해야 한다.

이것 역시 진로 탐색 과정의 일환임을 학교 현장에서 받아들이고 도와줄 필요가 있다. 이미 많은 고등학교 현장에는 진로진학부가 개설되어 담당 교사가 배정되어 있다. 대입설명회 외에도 대입에 대한 전반적인 이해를 돕고, 학부모의 대입이 아닌 학생 자신의 대입이 될 수 있는 시간을 마련해주는 것이 고등학교가 해야 할 일이다. 한편으로 대학은 이런 노력이 무색하지 않도록, 무분별하게 양산되는 근거 없는 대입 정보를 불식할 수 있을 만큼 관련 정보를 더욱 명확히 안내해야 할 것이다.

도대체 누가 대학에 가는 것일까

설명회를 가는 길에 오랜만에 라디오를 켰다. 정확히 어떤 프로그램이었는지 기억나지 않을 정도로 꽤 오래된 것 같다. 남자 DJ가 오후의 나른함을 깨우려는 듯 단전에서 끌어올린 목소리로 청취자의 사연을 전하고 있었다.

"부모님은 뭐 하시나?"
"밖에 계십니다."
"아, 음, 밖……? 해외에서 일하신다는 건가?"
"아닙니다. 밖에서 저를 기다리고 계십니다."

프로그램 중간에 라디오를 켜는 바람에 정확히 어떤 주제로 소개된 사연인지는 불분명하지만, 어느 취업 면접장에서 이뤄진 대화였다. 앞뒤 맥락을 다 자르고 이 대화가 그냥 기억에 콱 박혀버렸다.

요새 어느 면접 장면에서 '부모'의 '직업'을 논할 수 있을까? 옛날에는 그랬을지 모르지만 지금이라면 곧장 청와대 국민청원으로 가는 지름길이다. 무엇보다 지원자를 심사하는 자리에서 과연 이 질문이 적합했는지 당시 면접위원에게 다시 묻고 싶다. 이 어이없는 면접 장면의 대화에서 나온 면접위원의 기도 안 차는 질문 행태는 아마 지금 우리가 공정성을 논하는 상황을 만드는 데 크게 이바지한 것이 분명하다.

그런데 더 가관인 것은 지원자의 대답이다. 밖에 계신다는 것은 지금 면접 장소에 같이 와 있다는 뜻이다. 부모님과 취업 면접 장소에 같이 온 게 반드시 문제가 되는 건 아니다. 그래도 길을 모르는 엄청 낯선 곳이거나, 혼자서 면접장에 찾아갈 수 없는 나이도 아니었을 텐데…… 그저 부모님께서 도움이 필요한 상황이어서 집에 혼자 계실 수 없었던 이유가 꼭 있었기를 바랄 뿐이다.

요즘 모든 일의 주체가 지원자인지 지원자의 부모인지 헷갈리는 상황을 많이 마주하게 된다. 가령 하루에 입학처로 걸려오는 전화가 100통이라고 가정한다면(사실 특정 기간에는 수화기를 내려놓기 무섭게 모든 전화가 통화 중일 때가 태반이다), 그중 80통은 학부모가 전화를 거는 상황이다.

"제가 F 전형에 지원할 건데…… 이 서류랑 그 서류는 어떻게 제출하는 건가요?"

"어머니가 지원하시는 건 아니죠?"

"아뇨, 아이는 학교 갔으니까 내가 전화했지요. 자기소개서에 어쩌고저쩌고하는 내용을 써도 되나요? 아이가 학교에서 이런저런 활동을 했는데 쓰는 편이 유리할지 안 쓰는 편이 좋을지 모르겠어요. 쓰는 게 좋을까요? 쓰지 말까요?"

그렇다. 학생은 학교에 갔으니 어머니가 대신 문의할 수 있다. 서류에 대해 궁금증이 일어 어머니가 대신 전화하는 것도 이상한 일은 아니다. 다만 이런 문의 전화를 받다 보면 과연 대학에 가는 사람이 누구인가 하는 생각이 든다.

학생은 학교에 있고 핸드폰은 등교하면 대부분 수거되므로 학생들이 직접 전화를 할 수 있는 시간대에는 입학처 업무가 종료된 뒤라는 것을 잘 알고 있다. 그래서 웹사이트를 통하여 질의응답을 받을 수 있는 창구를 마련하기도 했고, 입시 안내 책자나 다양한 채널을 통하여 궁금해할 만한 정보를 제공하는 것이다.

그런데도 대입에서의 선택과 질문, 서류 준비까지 많은 것들이 학생이 아닌 부모가 중심이 되어 움직이고 있는 상황은 생각해볼 필요가 있다.

보통은 설명회를 마치고 나서 질의응답 시간을 간단하게 갖는다. 설명회 현장마다 차이가 있지만, 학부모에게도 공개된 설명회가 대부분이다. 그런데 대부분의 경우 상황을 정리하지 않으면 제일 먼저 질문을 하기 위해 손을 들거나 앞으로 나오는 사람은 바로 학부모다. 학생을 동반하는 경우와 동반하지 않는 경우를 포함하여 대부분 학부모가 제일 앞장선다. 그러다 보니 사회자가 장내 정리를 하거나, 그러지 못하는 경우 학생 먼저 질문할 수 있도록 배려해달라고 부탁하는 편이다.

한번은 학생과 학부모가 함께 앞으로 나와서 질문을 하는데 그 모습이 어딘지 어색하게 느껴졌다. 학생은 먼 산만 바라보고 있고 학부모가 빼곡히 메모한 모집 요강 책자를 들고 쉼도 없이 꼬리에 꼬리를 무는 질문을 던지는 것이었다. 그래서 물었다.

"어머니, 그런데 어머니 말고 학생이 궁금한 것은 없을까요?"

"아, 선생님, 우리 아이가 쑥스러움을 많이 타요. 애가 왜 자꾸 이럴까. 질문할 거 많다고 했잖아. 얼른 질문해봐. 선생님 이제 곧 가셔야 한다니까. 얼른."

"저는……. 엄마가 다 물어봤어요."

학생이 스스로 질문할 내용을 메모해서 손을 들고 질문하거나, 앞으로 나와 질문하는 경우도 있다. 하지만 그보다는 위와 같은 상황을 꽤 자주 만나게 된다.

대학을 가는 주체가 누구일까? 왜 대학에 가려고 하는 것일까? 대체 부모의 역할은 어디까지일까?

견디고 견디고 견디는 시간

입학처는 때로 국가사업의 목적으로 고등학생들에게 진로 체험 형태의 프로그램을 제공하기도 한다. 대학으로 학생들을 초청할 때도 있고 고등학교나 해당 지역으로 방문하기도 한다. 또꼭 고등학생들이 아니어도 교사나 학부모를 대상으로 진행하기도 한다.

입학사정관은 전국 보부상이 되어 잦은 출장을 다닌다. 이처럼 빡빡한 일정 속에서도 사실 이런 프로그램 하나를 운영하기 위해서 정말 많은 일을 선행한다. 여러 부서에 협조를 받아서, 시간과 물적 자원을 투자해 학생들의 만족도를 높이고 교육적 효과도 낼 수 있도록 프로그램을 설계한다. 이러한 기회가 전국 모든 고등학생에게 고르게 주어질 수 있게 각 시도교육청뿐 아니라 정보 소외지역의 고교에 연락하여 프로그램을 안내한다.

참가 신청부터 쉽지 않아 정말 어렵사리 참석하는 학생들도 있고, 부득이하게 참석을 못 하게 되어 아쉬워하는 학생들이 많다 보니, 프로그램 현장에서 시간을 허투루 보내는 학생들을 보면 참 안타깝다.

그럴 때마다 어떻게 보면 이제 학교생활기록부에 한 글자도 기재되지 않는 외부 활동에 불과하고, 참가 신청부터 번거롭기만 한 이 일들을 해가며 왜 여기까지 와 있는 걸까 싶다. 혹시 이 자리에 온 학생들이 본인의 선택이 아니라 엄마 아빠의 등쌀에 이기지 못하고 끌려온 건 아닐까 싶을 때도 있다. 생각이 여기에 이르면 결국 '이런 프로그램을 과연 대학의 입학처에서 왜 지속해야 하는가?'라는 고민을 지울 수 없어진다.

우리나라의 교육열을 증명하듯 고등학생들을 만나보면 실제로 정말 똑똑한 학생들이 많다. 교육부가 발표한 2018년 국제학업성취도 비교연구PISA에서 우리나라 학생의 읽기, 수학, 과학 성취는 경제협력개발기구OECD 37개 회원국 중 각각 2위, 1위, 3위였다.[7]

그렇지만 삶에 대한 만족도는 평가에 참여한 전체 71개국 중 65위로 하위권을 기록했다. 삶에 대한 만족도에는 여러 요인이 영향을 미친다. 그래서 어느 것 때문이라고 콕 집어 말할 순 없지만, 어쨌든 학교에서 오랜 시간 공부하고 시험으로 평가받는 우리 학생들이 정작 자신의 삶에 대한 호기심과 탐구심을 지니지 못하고 있다는 증거가 아닐 수 없다.

우리 부모 세대는 본인들이 학교 교육부터 대학 교육까지 학위를 통해 얻은 사회적 지위와 경제력 등을 쟁취하는 과정에서 암묵적으로 내재화한 지식이 있다. 그래서 더욱·자식 교육에, 어쩌면 대입에 적극적이고 민감하게 움직이려고 한다. 그런데 이런 부모의 노력을 자식은 다르게 받아들이기도 하고, 예상치 못한 갈등의 원인이 되기도 한다.

시대를 관통하는 교육문제는 있지만, 모든 교육을 관통하는 정답은 없다. 다른 세대를 살아갈 자녀에게는 또 다른 삶의 방식이 필요하고, 그 방식은 스스로 찾아가야 하는 게 분명하다.

대한민국에서 고3으로 살아간다는 것은 어쩌면 노동과도 같은 공부를 하며 견디는 과정인지도 모른다. 그러나 학생들은 무엇을 위해 견뎌내야 한다고 강요받는지 스스로 이해하지 못한 채, 눈앞에 놓인 대학이라는 목적지를 향해 앞으로 가고 있을 뿐이다.

　그렇게 견뎌낸 시간 뒤에 맞이한 것은 스펙 쌓기, 취업 준비, 내 집 마련, 육아 전쟁으로 이어지는 또 다른 과업의 시작이다. 어쩌면 또 견뎌내야 하는 시간이다. 그래서일까. 지금의 세대는 인고의 시간과 노력이 과연 그럴 만한 가치가 있는 투자인지 답을 얻지 못한 채 미래를 위한 삶보다 지금을 즐기는 데 집중하고 있다.

　부모라는 역할과 책임을 앞세워 학생이 할 일마저 알아서 대신하는 등 학부모로서 지켜야 하는 기준선을 넘고 있는 빈도가 너무 잦아졌다. 이 상황이 부모와 자녀 모두에게 익숙해져버렸고, 교사도 학생을 어쩌지 못하는 현실을 맞닥뜨린 지금, 우리는 이대로 괜찮은 걸까.

가을

○ ○ ○

PART 4

낮은 뜨겁고 아침저녁으로는 선선한 바람이 불어오면 가을학기가 시작된다.
한국은 3월 입학제이긴 하나 외국인 학생들의 경우 9월 입학도 가능하다.
적지 않은 대학에 외국인을 대상으로 한국어를 배울 수 있는 과정이
개설된 어학원, 어학당, 국제문화교류원 등등이 설치되어 있다 .
여러 이유로 대학은 예전보다 외국인 학생이 많아졌다.
각자의 여름을 보내고 돌아온 신입생들은 어딘지 모르게 이 학교가 익숙해진
듯한 모습이다. 그 뜨거웠던 여름은 어느새 지나가고 이제는 제법 친해진
친구들끼리 강의 시간표를 맞추어 몰려다닌다. 학생회관에는 동아리
활동을 하는 학생들의 소리도 들리고, 학생 식당엔 다시 줄을 서는 학생들이
많아졌다. 입학처는 가을이 되면 봄과 여름내 밖으로 돌아다녔던 일정들을
마무리한다. 이제는 학교 안에서, 사무실 안에서 해야 하는 일이 대부분이다.
하늘보다 컴퓨터 화면을 더 오랫동안 마주하는 시기가, 가족보다 입학처
구성원들과 더 많은 시간을 보내는 시기가 돌아왔다.
어느새 종이 서류가 아닌 데이터로 가득한 서류가 물밀듯이 들어온다.
밤하늘에 뜬 별 가운데 맨눈으로 볼 수 있는 것은 약 3천여 개이지만,
우주 전체에 흩어져 있는 별은 수천억 개가 넘는다고 한다.
크고 작음이 다르고 빛과 색, 자리한 좌표까지 너무나도 다른 별들 사이에서
우리 대학에 맞는 별을 고르는 아주 많은 에너지가 필요한 작업,
오랜 시간이 필요한 작업이 시작된다.

자동화된 대입 시스템이 놓치는 것들

"예전에는 말이야 이 서류 다 종이로 접수받았어."

"인터넷 접수가 뭐야! 학교에 창구 만들어서 원서 접수했지."

근 20년 사이에 대학 입학 원서 접수 과정에도 정말이지 엄청난 혁신이 있었다. 창구 앞에서 줄을 서고 우표 같은 원서를 사서 접수하던 시절이 1990년대였다면, 2000년대에 들어서는 원서 접수는 인터넷으로 하고 자기소개서나 학교생활기록부 같은 서류는 모두 출력하여 우편이나 방문 제출을 했다. 학생의 서류를 수시모집 전형 요소로 활용하는 비율이 커지면서 입학처로 수신되는 서류의 양은 기하급수적으로 늘어났다. 그래서 원서 접수 기간이면 모든 서류 제출이 끝날 때까지는 종이와의 싸움이었다. 전형별로 수험번호 순서에 맞춰 서류를 분류하고 철하다 보면 제출 서류가 셀 수 없이 많은 상자를 가득 채웠다. 접수된 서류를 정리하는 일만으로도 수일이 필요한 전쟁 같은 과정이었다.

지금은 학교생활기록부도 NEISNational Education Information System(교육행정정보시스템)를 통해 전산으로 대학에 이관되고 자기소개서도 온라인으로 접수하기에, 특별전형의 지원 자격 확인을 위한 서류가 아니고서야 별도로 제출하는 서류는 거의 없어졌다. 대입의 시스템 온라인화가 업무 효율 혁신을 가져다 준 셈이다.

처음 인터넷으로 원서 접수를 시작하는 과정에서는 시행착오가 끊이지 않았다. 입력이 안 되고, 결제가 안 되고, 최종 저장 버튼 누르는 것을 잊고, 사이트 접속이 안 되는 등의 여러 불편 사항은 다음 해에 대학이 수험생에게 안내해야 하는 유의사항으로 더해졌다. 전형을 안내하는 것뿐 아니라 접수를 하는 과정에 발생할 수 있는 여러 돌발 상황에 관해 설명하고 당부해야 했다.

이러한 시스템이 어느 정도 자리 잡아갈 때쯤, 2016학년도 정시모집 원서 접수부터 대학별 원서 접수를 하는 번거로움을 줄이고자 수험생이 원서를 한 번만 작성하면 희망하는 여러 대학에 지원할 수 있도록 '공통원서 접수 시스템'이 도입되었다.[8] 2017학년도부터는 수시모집 원서 접수부터 공통원서 접수로 확대되었다.[9] 수시는 최대 6번까지 지원할 수 있고, 원서 접수를 하는 기본사항은 대학이 모두 같을뿐더러 자기소개서 역시 공통문항을 사용하고 있으므로 이 과정을 모두 단일화하여 접수하는 것이다. 이 역시 여러 과정을 거치고, 지금은 대학과 학생, 학부모 모두 마치 처음부터 그랬던 것처럼 길고 긴 '원서 접수 유의사항'을 읽으며 사용하고 있다.

원서 접수를 포함하여 자기소개서 그리고 추천서도 대부분의 대학이 공통문항을 사용하고 있어서 온라인으로 접수된 자기소개서와 추천서를 모두 데이터로 이관받는다.

제출 서류의 온라인화 작업 중에서는 추천서의 온라인 제출이 제일 늦게 마무리되었다. 아무래도 학생이 추천서 내용을 알지 못하게 인비(人秘) 처리해야 하는 특성이 있기 때문이다. 교사는 원서 접수 시스템을 통하여 학생이 지원한 대학과 지원한 정보, 예를 들어 전형명, 전공명, 수험번호를 입력한다. 그러면 대학별로 GPKI(행정전자서명)를 통해 교사 인증을 하는 등의 보안 절차를 거쳐 교사가 직접 온라인으로 추천서를 제출한다. 언젠가 대학입시 특별전형의 지원 자격 서류를 기관에서 대학으로 발급한다면, 대부분의 대입 서류는 모두 온라인 제출이 되는 셈이다.

몇 해 전 모 대학에서 어떤 모녀가 음식배달원으로 위장하고 대학 건물에 몰래 침입해 이미 제출 완료한 대입 서류 바꿔치기를 시도한 사건이 뉴스에 보도된 적이 있다. 이들의 시도는 미수에 그치고 상황은 일단락되었지만, 그저 웃을 수만은 없는 씁쓸한 뒷맛을 남기는 이야기가 아닐 수 없었다. 어쨌든 이것도 결국 시스템 개편과 함께 다시는 발생할 수 없는 일이 되었다.

서류 접수 과정이 이러한데 서류 평가는 어떻겠는가. 서류를 종이로 제출하던 시기에는 전형별, 수험번호별로 바인딩한 서류 묶음을 쌓아놓고 평가를 진행했다. 해당 전형의 평가 기간이 되면 상자를 옮기고 서류를 꺼내서 수험번호 묶음별로 정리하는 아주 원초적인 작업부터 시작한다. 서류 원본은 훼손되면 안 되기 때문에 별도 서류 평가지에 메모하며 평가를 진행하고 또 다른 평가자가 서류를 평가할 수 있도록 따로 쌓아놓는다. 그래서 평가장 책상 위에는 늘 서류 더미가 가득했다.

그러다가 온라인 서류 평가 시스템이 개발되면서, 한동안은 아직 온라인으로 평가하는 것이 익숙하지 않은 사람들이 공존하는 탓에 종이 서류와 데이터화된 서류 두 가지가 병용되었다. 학생의 서류는 종이로 보고 평가하면서 점수 입력은 온라인으로 하는 이상한 시기를 아주 잠시 겪었다.

그리고 1년이 채 되지 않아 결국 모든 것이 온라인화되었다. 평가자별로 평가해야 하는 모든 학생의 서류가 배정되고, 일정 기간 정해진 평가장에서 전형별 평가지침에 따라 서류 평가를 진행한다. 지원자의 모든 서류를 동시에 평가하고 메모할 수 있는 기능을 갖춘 시스템이 개발되었고, 이것이 다년간 대학에 의해 커스터마이징되면서 좀 더 효율적인 시스템으로 거듭났다.

대한민국은 IT 강국이 확실하다. 그렇다고 영화 〈아이언맨〉에서 주인공이 사용하는 엄청난 시스템 같다든가, 드라마 〈CSI 마이애미〉 시리즈에서처럼 대단한 데이터를 과학적으로 살펴볼 수 있는 시스템은 아니다. 개인적으로는 이런 시스템이 개발되기를 바라지만 쉽지 않을 것 같다. 어쨌든 생각보다는 단시간에, 하지만 여러 분야의 기술이 발달하는 것보다는 조금 더디게 대입 시스템이 온라인화, 자동화되었다.

대입의 모든 전형에서 서류 평가가 포함된 전형은 거의 다

입학사정관이 평가하게 된다. 평가하는 서류는 대학마다 조금 씩 차이가 있겠지만, 학교생활기록부를 기본으로 자기소개서 또는 추천서가 더해진다. 기타 서류의 경우에는 전형별로 차이가 있지만 많은 대학이 대부분의 전형에서 여러 과정을 겪으면서 이미 폐지한 서류이다.

그렇다면 학생 한 명이 제출하는 서류는 학교생활기록부와 자기소개서가 일반적이다. 학생 1인당 학교생활기록부가 평균 15~18매, 자기소개서가 2~3문항[2022학년도 기준으로 필수공통문항 2개, 대학자율문항(선택) 1개] 정도이다. 하지만 최근 들어 모든 서류를 데이터로 접수하고 컴퓨터 화면에서 스크롤을 내려가며 읽다 보니 서류의 매수 자체가 무의미해졌다.

한 대학에서 한 명의 입학사정관이 그 대학에 지원한 모든 지원자의 서류를 전수 평가하는 것은 아니다. 전형과 모집 단위별로 입학사정관이 배정되고, 학생 한 명의 서류는 다수의 입학사정관에 의해 평가되는 과정을 거친다.

H 대학 I 전형에서 J 전공에 지원한 학생이 100명이라고 가정한다면, 이 중 한 학생의 서류는 대학에 따라 최소 2명의 입학사정관, 많게는 5명의 입학사정관이 평가하게 된다. 한 명의 입학사정관이 한 학생의 합격을 결정지을 수 있는 구조가 원천적

으로 불가능한 것이다. 이를 일컬어 다수 평가 방식이라고 한다. 아무리 시스템이 고도화되어도 다수 평가 방식을 단순화할 수 없는 이유는 평가 결과의 신뢰도와 타당도를 높이기 위해서이고, 무엇보다 절차와 결과의 공정성을 기하는 방안이어서다.

많은 수험생이 제출 서류 중 무엇이 제일 중요한지, 어떤 항목이 제일 평가 비중이 높은지 질문한다. 공장에서 컨베이어 벨트가 작동되듯 자기소개서 1번 문항을 평가하고 다음 2번 문항 평가하고, 이어서 학교생활기록부 항목을 순서대로 평가한다면, 서류 평가에서 무엇이 제일 중요하고 어떤 항목이 높은 배점을 가진다고 이야기할 수 있다. 흔히 정량평가라고 하는 평가 방식은 주어진 자료를 계산식에 넣어 점수를 산출하는 방식으로, 학생에게 주어진 환경이나 맥락을 살필 필요가 없다.

하지만 우리가 학생부위주전형에서 강조하는 정성평가라고 하는 평가 방식에서는 학생에게 주어진 교육 환경, 학생이 선택한 교육 과정, 학습 성취도와 학습 과정 등 모든 것을 고려하게 된다. 이 바탕 위에서 자기소개서를 읽고, 학생부를 읽고, 다시 자기소개서를 읽으며 내용을 확인하고, 메모하고, 표시하고, 평가하는 과정을 거친다.

서류를 교차해서 읽고, 비교하고, 분석하는 과정이 필요한

이 평가는 한 학생을 대상으로 꽤 오랜 시간 정성스럽게 평가를 진행해서 정성평가가 아니다. 주어진 자료의 각종 수치를 계산하여 평가하지 않고, 관련 활동의 경험 여부만으로 점수화하지 않고, 학습 결과의 등급만으로 점수화하지 않는 평가 방식을 사용하기에 정성평가라고 하는 것이다.

많은 학생이 성적(등급과 성취도)은 교과, 그 외의 것들은 비교과라고 구분 지어 말한다. 어쩌면 시험 성적과 성적이 아닌 것들로 학교생활을 단정하는 것도 같다. 그러나 학교에서 이루어지는 수업, 수행평가, 정기고사, 동아리 활동 등의 모든 것은 단순히 교과와 비교과로 구분하기 어렵다고 생각한다. 수업 내용을 바탕으로 과제를 해결하고, 과제를 해결하면서 혹은 어떤 관심이 생겨 동아리 활동을 하게 되고, 동아리 활동에서 학습한 무언가가 학생의 수업 또는 수행평가에 영향을 주고, 그 결과 교내 대회에서 상을 받을 수도 있고, 다음 과목을 선택하거나 독서와 체험활동을 하는 데 영향을 미칠 수 있는 것이다.

이 모든 것이 연결되어 있고 그것이 교육과 학습이라고 생각하는 나에게는 단순히 평가 비중에 맞춰 고득점을 받겠다고 혈안이 되어 있는 학생들이 그저 안타까울 뿐이다.

아라이 노리코新井紀子 교수는 2017년 TED에서 〈로봇이 대학에 들어갈 수 있는가Can a robot pass a university entrance exam?〉라는 프로젝트를 주제로 강연했다.[10] 비록 연구팀이 개발한 인공지능이 도쿄대학에 합격하지는 못했지만, 수험생 가운데 상위 20퍼센트에 해당하는 성적을 달성하는 데는 성공했다. 노리코 교수는 인공지능이 극복하지 못한 부분은 '의미를 이해하는 독해력'이라고 했다. 계산력과 암기력은 당해낼 재간이 없겠지만, 인간의 지적 활동은 AI가 쉽게 정복하기 어렵다는 뜻이다.

2016년에 이세돌 9단이 알파고와의 대국에서 1승 4패를 기록했다. 이 경기는 인공지능의 가능성을 확인한 수준을 넘어서 어느새 인공지능이 인간을 위협하는 존재로 떠오르게 되었음을 암시해주었다. 그러나 같은 해 tvN에서 방영한 예능 프로그램 〈꽃보다 청춘: 아이슬란드〉 편에서는 이와 좀 다른 장면이 연출되어 화제가 되었다. 출연진 한 명이 핸드폰 번역기를 사용하여 "핫도그 세 개 주세요!"를 음성으로 입력하자 "Please, Hot dog World!"로 출력된 것이다. 인공지능의 기술력은 경우의 수라는 프레임에서 벗어난 인간의 고유한 지적 능력, 맥락을 파악하는 독해력에 아직 미치지 못했다.

대입에서도 많은 부분이 시스템화되어가고 있고, 언젠가는 모든 입학사정관이 AI로 대체될 수도 있다. 하지만 개인을 '평가'하는 영역은 서류상의 문장과 상황의 맥락을 이해하고, 의도를 파악하고, 개인의 태도를 읽어서 판단하는 인지적 요소가 많이 차지하는 부분이다. 그렇기에 어쩌면 아직은 '사람' 입학사정관이 해야 할 일이 꽤 남아 있는 것 같다.

공정함을 위해 쓰는 검은 안대

학생부종합전형은 말 그대로 학생들의 학교생활을 바탕으로 대학의 학업수행능력 등을 전반적으로 평가하여 학생을 선발하는 제도이다. 단순히 성적에 의한 선발이 아니다. 당연히 학생부종합전형의 평가 근간은 학교생활기록부가 아니겠는가. 그렇다면 이 학교생활기록부를 제출하지 못하는 검정고시 출신자가 학생부종합전형에 지원할 수 있을까.

2017년 12월 헌법재판소는 검정고시 출신 수험생의 수시모집 지원을 제한하는 모집 요강은 헌법상 교육받을 권리를 침해해 위헌이라는 결정을 내렸다.[11] 그리고 2018년 8월 한국대학교육협의회는 대학입학전형 기본사항에서 대학이 입학전형을 설

계할 때 출신 고교나 검정고시 출신이라는 등을 이유로 차별하는 것을 금지하였다.[12]

과연 이 학생들은 고교 3년간 학교생활의 전반적인 내용, 학교생활기록부를 근간으로 하는 학생부종합전형에서 무엇을 바탕으로 합격할 수 있을까. 학교 밖 청소년에 대한 교육 기회 제공을 위한 대학의 노력은 반드시 필요한 부분이다. 하지만 학교보다 학원에 집중하는 학생들을 다시 학교로 되돌려놓으려는 학생부위주전형의 의도를 잊고 있는 것은 아닐까 하는 의문이 드는 건 어쩔 수 없다. 맥락 없는 균등한 기회를 무조건적으로 제공하는 것이 공정함이라고 한다면 나는 이제 무엇이 공정한 것인지 잘 모르겠다.

수능을 확대해도 특정 집단에 유리하고, 교과를 확대해도 특정 집단에 유리하다고 한다. 입학사정관제가 도입되고 학생부종합전형으로 제도적 탈바꿈을 한 것 역시 여러 가지 오해가 불러일으킨 사회적 문제가 있었기 때문이다.

어쨌든 이 서류 평가에 있어서 문제의 시작은 공부 안 해도 혹은 공부 못해도, 수능 공부 안 해도, 뭐 하나 잘하면 대학 간다는 이상한 풍조가 퍼지면서, 학원에서 이상한 특기를 만들어 오거나 서류를 만들어서는 실제로 대학에 합격한 사례가 나오면서부터였다.

결국 학생부종합전형으로 전형의 틀을 바꾸었다. 그러자 교과 성적도 좋고, 여러 가지 비교과 활동도 하고, 체육도 잘하고, 악기도 다룰 줄 알고, 사회성도 좋고, 봉사활동도 즐겨 하는 만능 로봇 같은 학생을 만들어야 한다는 인식이 생겨났다. 심지어 줄넘기 수행평가를 위한 학원과 과외가 생겨나는, 그야말로 말도 안 되는 나라가 되었다.

고등학교 현장에서는 어느 지역에 상관없이, 어느 고교 유형에 상관없이, 어느 학생이라도 입을 모아 말한다. "○○라서 저는 불리해요!" 심지어 전교 2등은 전교 1등이 아니어서 부족하다고 생각하고, 전교 1등인 학생조차 본인이 다른 학교 학생보다 비교과가 부족해 불리하다고 말한다. 이 나라 대입의 당사자에게는 누구 하나 불리하지 않은 이유가 없다.

교육부는 2015학년도 대입부터 학생부위주전형 평가 시의 '0점 처리 및 서류 평가 불이익 처리'에 관한 지침을 자기소개서 공통양식과 함께 안내했다. 주요 내용은 공인 외국어 성적, 주요 교과목에 해당하는 외부 수상 실적, 교외 봉사활동 등에 해당한다(구체적인 내용은 대학별 모집 요강에 상세하게 안내되어 있다). 쉽게 말해 고등학교 교육 과정, 공교육의 틀 밖에서 행해지는 모든 것에 대해서 학교생활기록부에 기재하지 못하도록 규정하고 있으며, 평가 서류에서 적발될 시 '0점 처리, 서류 평가 불이익 처리'를 하라는 내용이다. 이 부분은 학교생활기록부 기재 방안에도 큰 변화를 주었다.

문제의 발단은 고등학생이 학교 밖에서 부모의 도움을 받아 인턴십, 해외 봉사활동, 연구논문 참여 등을 일삼는 행태가 생겨났고, 이것이 학생들 사이에 불공정을 초래했기 때문이다.

사실 대학들은 체육이나 예술 분야를 제외하고는 특기자 전형을 폐지하고 있다. 그리고 이미 많은 대학이 폐지하였다. 단순 어학 성적과 외국어 에세이만으로 학생들의 외국어 역량을 입증하지 못하고, 고등학생이 학교 안에서 수업과 그 외 활동에 충분히 성실하게 참여하지 않으면서 외부 활동에만 기대는 만행과 이를 조장하는 사교육 행태를 알고 있기 때문이다. 만약 이런 전형으로 합격한 학생들의 종단연구 결과가 다른 학생들과 비교했을 때 더 우수했다면 대학들이 이 전형을 우선적으로 폐지하지는 않았을 것이다.

과연 이러한 요인이 학생부종합전형에서 합격에 결정적 역할을 했을까? 합격한 학생들 중 일부가 낸 서류에서 앞서 금지하고 있는 항목이 하나도 기재되어 있지 않았다고 말할 수는 없다. 하지만 평가자 입장에서는 고등학생들이 만들어 오는 내용, 서류에 기재되어 있는 내용을 두고 학생의 수준을 가늠할 학업적 수월성으로 판단할 부분이 아닌 이유는 차고도 넘친다. 물론 대입 서류에 기재가 가능하다는 사실만으로도 불공정을 초래한다는 데에는 이견이 없지만.

이러한 교육부의 정책과 대학의 변화, 고등학교 현장의 변화가 학생들이 학교생활에 집중하는 게 만드는 데 일조한 것은 사실이다. 하지만 이제 학생들의 학교 활동 참여는 학교생활기록부 기재 가능 여부와 대입 자료로서 활용 가능한지 여부에 따라 나뉜다. 2024학년도부터는 교내 수상경력과 독서활동이 전면 대입 자료로 미반영된다. 이 부분이 가져올 장점도 있겠지만, 어쩌면 학생들이 학교에서 주관하는 여러 교육 활동에 참여하는 동기가 저하된 측면도 없지 않다.

중요한 것은 0점 처리를 하는 기준의 범위에 사각지대가 남아 있고, 서류 평가 불이익을 주는 기준에도 모호한 부분이 있다는 사실이다. 교육부 역시 확실하게 이러저러하다고 선언하지 못하고 대학의 자율로 권고하는 상황에서, 최근 입시 부정으로 일삼는 모든 행태를 바로잡기 위하여 결국은 망라하여 0점 처리나 서류 평가 불이익 처리 대상으로 정리하는 데에는 어딘지 개운하지 못한 부분이 있다.

그런데 이보다 더욱 문제가 되는 게 있다. 바로 부모나 친인척의 사회경제적 지위를 확인할 수 있는 문구를 작성하면 안 된다는 규정이다. 우리가 언제부터 수저를 물고 태어났는지 모르겠지만, 금수저니 흙수저니 하는 논란으로 인하여 결국 서류 작성 금지 조항이 생겨났다. 부모의 직업이 농부이든 자영업자이든 어떤 사항도 기재하면 안 된다는 말이다.

사실 학생이 대학에 지원하면서 작성하는 자기소개서에 부모님이 꼭 등장할 필요는 없다. 지원 전공을 선택할 때 가정환경이나 부모의 가치관 등에 영향을 많이 받은 학생들이 종종 있는데, 굳이 부모의 직업을 쓰지 않아도 본인의 관심사를 표현할 방법은 충분하다.

어쨌든 현재 부모의 사회경제적 배경, 학교의 유형 등이 학생을 평가하는 데 영향을 미치면 안 된다는 명제로부터 삼단논법에 따라 결정된 정책은 '가릴 수 있는 것은 다 가려라'라고 말한다. 이제는 정말로 무엇이 다른지 알 수 없는 블라인드 전형이 되었다. '특정 정보를 가린다면 모든 학생이 공정해지는가?'

라는 물음에 대한 근원적인 답을 구하기 전에, 학생들이 가정환경에 따라서 경험할 수 있는 것들을 평가요소에서 배제한다는 측면에서는 공정성 논란을 일축하는 데 어느 정도 역할을 한 것은 맞다. 하지만 환경에 따라 교육 경험이 달라지는 건 학생의 선택에 따른 결과일 수도, 혹은 선택할 수 없는 여건이 만든 결과일 수도 있다. 블라인드 평가는 불균형한 교육 환경에서 학습한 서로 다른 학생들의 특성을 이해하고 참고하려는 상황을 차단하기도 한다. 지금의 정책은 이 양면을 고려하지 않고 단순히 일부 문제되는 부분만 도려내는 방향을 취하는 셈이다.

결국 문제가 불거지고 논쟁거리가 되면 곧 금지사항으로 적용되기 때문에 학교생활기록부도 기재 금지사항이 점점 늘어나고 있고 대입전형 자료에서도 제한해야 하는 사항이 매년 늘어가고 있다는 점은 한 번쯤 짚어볼 때가 되었다.

제도 초기에 지원자들이 제출한 학교생활기록부를 살펴보면 작성 방법이나 내용 면에서 학교 간 격차가 꽤 컸다. 실제로 학교생활기록부의 양 자체만으로도 평균 차이가 크게 났다. 결국 가장 먼저 반응하는 것은 학생과 학부모였다. 본인이 부족하다고 생각하는 부분에 대해 수정을 요청하는 등 셀프 학생부가 괜한 말이 아닌 일들이 발생했다.

이런 논란이 일자 교육청부터 나서서 교사 대상 연수 프로그램을 기획하고, 학교 자체적으로도 연수를 실시했다. 교사들은 방학 동안 열심히 학교생활기록부를 작성했다. 그렇게 해서 양적으로 평준화를 이루고 질적으로도 상향되었다. 이런 노력이 열매를 맺을 즈음 학교 유형에 따른 학교생활기록부 공정성 논란이 끊이지 않자, 결국 학교생활기록부 항목과 작성 글자 수를 축소하는 쪽으로 결론이 났다.[13]

학교생활기록부는 전 세계 어디에도 없는 대한민국 유일의 온 국민 학적 자료로서 놀라울 만큼 방대한 내용을 담고 있다. 학교생활기록부의 항목과 작성 방법에 대한 지침을 두고 대학에서 교육적으로 옳다 그르다 평가할 수는 없다. 다만 대입에서의 문제나 논란이 학교생활기록부의 항목 변경과 작성 방법 변경으로 이어져서는 안 된다고 말하고 싶다.

대입 논란 탓에 학교생활기록부 기재 방법도 바뀌고, 추천서도 폐지되고, 자기소개서도 곧 폐지된다. 언제까지 없애고 줄이는 정책으로 가뭄에 물 대듯 문제를 해결할 수 있을까.

이쯤 되면 입학사정관에겐 사실인지 아닌지를 구별하는 능력도 필요한 것일까. 수사권을 가지고 조사라도 해서 모든 것을 밝히고 가려내기를 바라는 걸까. 고등학교 현장에서 전달되는 서류를 믿지 못하고 축소한다면 과연 이 전형과 평가의 의미는 어디에서 찾을 수 있을까.

평가와 선발이라는 본질에 대한 논의보다, 부가적으로 파생된 것들에 관한 물음에 답을 하는 혹은 답을 찾아야 하는 시간이 많아진 가을이다.

.autumn.

서류에서 마주하는 불편한 진실

학교폭력 예방 및 대책에 관한 법률이 개정(법률 제16441호, 2019.8.20. 공포, 2020.3.1. 시행)되었다. 그전에도 교육부는 학교폭력 예방 및 대책에 관한 법률 시행령을 만들고, 각급 학교에 전담 경찰관을 파견했으며 〈학교폭력 사안처리 가이드북〉을 배포해 학교폭력 재발 방지와 예방에 노력하고, 학생들에게 옳고 그름을 교육하기 위해 애쓰고 있었다.

학교 현장에서는 학교폭력을 줄여서 '학폭'이라고 말한다. 친구들 사이에서 신체적 혹은 정서적 폭력이 가해지는 경우 가해자와 피해자가 발생한다. 정말 상상조차 하기 싫은 일이다.

학교폭력은 갑자기 생겨난 것도 아니고, 그 사안의 죄질이 요즘 들어 특별히 더 심각해졌다고 말하기엔 무리가 있다. 사실 예전에도 무서운 학교폭력 사건이 있었다. 그런데 잔인한 현실은, 지금은 학생들이 도리어 학교폭력 이슈를 이용하고 있다는 사실이다. 또 다른 문제는 학교폭력이라는 것이 상급 학교로의 진학, 더욱이 대학입시와 연결되어 많은 사람의 관심사가 된다는 점이다.

2012년 한 담임 교사가 장애인 여중생 집단성폭행에 가담한 학생을 추천서에서 오히려 봉사왕으로 둔갑시킨 일이 언론에 대서특필되었다. 놀랍게도 그 학생은 대학에 최종 합격했다. 그러자 대중은 서류 평가의 부적절함, 입학사정관제의 한계 등을 강하게 비판했다. 여러 문제가 도화선이 되어 2012년부터 학교생활기록부에 학교폭력 가해 사실이 기재되기 시작했다.[14]

피해자는 가해자에 대한 처벌을 당연히 원할 것이다. 가해자는 본인의 잘못이 학교생활기록부에 기재되는 사실 자체가 두렵고, 나아가 대입에서 불리해지길 원하지 않을 것이다. 물론 이는 학교 현장에서 여러 전문가가 모여 만든 규정이자 해결 방안이기에 대학이 관여할 부분은 아니다.

문제는 학교폭력 문제를 대입에 교묘하게 활용하려는 사람들이 있다는 사실이다. 여기서 생각해보아야 할 점이 있다. 학교폭력 사실이 기재된 학교생활기록부는 서류 평가에서 어떻게 판단해야 할까? 수사권을 가지고 있지도 않은 대학의 입학처가 그 진상을 얼마나 알아볼 수 있을까? 학교폭력 가해 사실이 학생의 인성을 전적으로 대변한다고 볼 수 있을까? 학교폭력 가해 학생은 모든 대학의 서류 평가 전형에서 합격할 수 없어야 하는가? 그렇다면 서류 평가가 반영되지 않는 다른 수능 위주나 논술 위주나 교과전형으로 합격하는 것은 괜찮은가? 그리고 이 점을 일부 학생들이 이용한다면 학교폭력 문제가 해결될 수 있을까?

대학입학전형 기본사항은 학교폭력 관련 내용에 대한 평가 기준이나 방법을 명확하게 언급하지 않고 대학에 자율성이라는 이름으로 공정하게 평가하라고 권장하고 있다. 그렇지만 이전에 이 같은 사안이 일파만파 커져버린 일이 있었기 때문이라도 대학에서는 학교폭력에 대해서 눈여겨보고 있는 것이 사실이다.

학교폭력과 관련하여 좀 더 논의가 필요하고 공부가 필요했기에 교육청 소속 변호사를 초청하여 강의를 들은 적이 있다.

학교 현장에서는 학폭과 관련하여 정말 수없이 많은 사건이 접수되는데, 어떤 사건은 학생들이 저지른 게 맞나 싶을 정도로 죄질이 좋지 않기도 하고, 어떤 사건은 이런 사안으로 학교폭력대책자치위원회까지 열어야 하나 싶은 의문이 든다고 했다. 학교폭력 가해 사실이 학교생활기록부에 기재되는 자체만으로도 영향력이 있으므로 학생들이 서로 피해자의 입장이 되려고 한다고도 했다. 그래서 먼저 신고하는 것이 중요하다고도 한다. 심지어 학교폭력 전문 변호사가 새롭게 주목받고 있는 직업이라는 이야기도 들었다.

JTBC 드라마 〈아름다운 세상〉은 명문 고등학교에서 학교폭력을 당하고 죽음에 이른 학생의 부모가 사건을 직접 해결해가는 과정을 그렸다. 원작은 일본 희곡인데 한국 정서에 맞게 조금 각색한 부분이 있다.

가정에서 아이들이 무엇이 옳고 그른지 제대로 배우지 못하는 모습은 시청자로 하여금 분노를 일으키기에 충분했다. 죄를 짓고도 죄의식을 느끼지 못하는 아이들의 모습, 내 자식 감싸기를 넘어서 나만 아니면 된다는 극도로 이기적인 부모의 모습. 물론 이 드라마 속 내용이 모든 학교폭력 사안을 대표하지도 않거니와, 모든 학생과 부모가 그렇지도 않을 것이다. 다만 지금 맹목적으로 대입을 준비하며 아주 조금이라도 손해 보지 않는 방법에 집중하는 현실이 불편하지 않게 여겨질까 봐, 그 점이 등 뒤를 서늘하게 했다.

대입을 논하기 전에 학생들이 자신의 잘못을 진심으로 반성하고 뉘우치게 하는 것이 먼저는 아닐까? 우리는 놀이터에 나가 놀면서부터 친구가 생기면 과자 하나도 나눠 먹고, 놀이기구도 기다렸다가 탈 줄 알고, 넘어진 친구에게 괜찮은지 물어보면서 '고마워' '미안해'라고 말하는 법을 배웠는데, 언제부터 이렇게 변해버렸을까? 이 모든 것이 그저 대학입시 때문일까?

.autumn.

역할을 잃어버린 추천서

대부분 원서 접수를 마감한 뒤 하루 이틀 정도의 여유를 두고 서류 접수를 마감한다. 원서 접수를 결정하기까지 고민했던 순간이 있었던 만큼, 최종 원서 접수를 하고 난 뒤 서류를 점검하고 제출할 수 있는 여유 시간을 두는 셈이다.

　어느 대학은 원서 접수 마감일에 서류 접수도 마감하고, 어느 대학은 그 기한에 차이를 둔다. 또 어느 대학은 서류 접수 마감일 우편 소인까지 인정하고, 어느 대학은 서류 접수 마감일 도착분에 한하여 인정한다.

　대학마다 이런 차이가 생기는 이유는 '대학 마음이지 뭐'가 아니라, 서류가 최종적으로 도착하여 내용물을 확인하고, 평가할 수 있게 준비하고, 평가에 들어가서 합격자 발표까지 소요되는 전형 일정 등을 고려하여 결정하기 때문이다. 해외 지원자가 많은 재외국민 특별전형의 경우는 전 세계 각지에서 지원하기 때문에 서류 접수 마감을 우편 소인으로 인정하면 서류 도착일자를 가늠할 수 없는 경우도 허다하다. 그래서 서류 접수 마감일 도착분까지 인정하는 것이다.

서류 접수 마감일에는 원서 접수자 기준 서류 미제출자가 꼭 발생한다. 마감 전까지 미제출자에게 안내 문자 메시지를 발송하지만, 학생이 등교하여 휴대전화를 학교에 제출하는 경우, 부모의 휴대전화 번호를 기재하지 않은 경우에는 연락이 닿지 않을 수도 있다. 하지만 안타깝게도 대학은 원서 접수 시 기재한 연락처로 안내를 하는 것 외에는 별달리 뾰족한 방법이 없다.

서류 접수 마감 다음 날, 입학처 사무실 앞쪽에서 낯선 사람이 서성이고 있었다. 전형 기간이 되면 외부인의 출입이 제한되는 입학처에서는 출근길에 마주친 낯선 이의 정체를 파악하기 전까지 의심을 가득 하고 있었다. 알고 보니, 전날 서류를 제출하지 못한 지원자의 학교 교사였다. 기한 내에 추천서를 제출하지 못해 출력본을 들고 아침부터 기다리고 있었던 것이다.

학생에 대한 미안함, 미안함으로 다 표현할 수 없을 만큼의 자괴감, 후회스러움, 죄스러움 등의 감정이 교차하는 표정으로 눈물을 뚝뚝 흘리며 서류를 받아달라고 했다. 이 교사가 어제 하룻저녁 보냈을 시간이 어떠했는지 다른 사람은 감히 짐작할 수도 없다. 추천서는 필수서류이므로 제출하지 못한 경우 서류 미제출 처리되어 평가 대상자에서 제외된다. 결국 불합격되는 것이다. 학부모가 이 사실을 알게 되면 송사에 휘말릴 수도 있다. 부모로서는 도저히 이해가 가지 않는 일이 아닌가. 어떻게 우리 아이의 추천서를 제출하지 않을 수 있나. 교사가 우리 아이의 인생을 책임질 수 있는가.

한 명의 교사가 담임하는 학급은 25명 남짓의 학생으로 구성된다. 이 학생들이 수시전형 6개의 카드를 모두 지원한다고 했을 때, 6개의 전형이 모두 추천서를 제출하는 전형이라고 가정한다면 추천서를 150개 작성해야 한다. 물론 반 학생들이 모두 담임 교사에게 추천서를 부탁하는 것은 아니다. 동아리 지도 교사, 교과 담당 교사에게 부탁하기도 한다. 이는 즉, 담당하고 있는 교과목에 따라서 다른 반 학생들이 다른 학급 담임 교사에게 추천서를 부탁하기도 한다는 말이 된다.

물론 한 학생의 추천서를 대학별로 모두 다르게 써야 하는 것은 아니다. 전형별로 꼭 다르게 써야 하는 것도 아니다. 그렇지만 지원하는 대학별로, 전형별로, 학과별로 조금씩 수정을 할 것이다. 한 번의 대입을 치르면서 교사가 작성해야 하는 추천서는 적어도 50개 정도는 되지 않을까?

그럼 학생에게도 부담되고 교사에게도 부담되는 이 추천서를 대학에서는 왜 요구하는 것일까?

사실 추천서는 어떤 경우에는 영향력이 크고 어떤 경우에는 미약하다. 추천서를 누가 작성하였는지는 전혀 중요하지 않다. 예전에는 교장, 교감, 3학년 부장교사가 쓰는 추천서가 의미 있다고 여겨지는 분위기였다. 이 분위기는 학교 현장에서 임의로 만들어진 것이다. 학교를 대표하는 교원이 추천하는 만큼 그 학생에 대한 추천 내용과 추천 강도가 더 잘 표현된다고 받아들여진 듯하다.

그런데 잠시 학교 다닐 때를 생각해보자. 과연 교장 선생님이나 교감 선생님이 학생 개개인을 잘 알 수 있을까. 오히려 그보다는 학생의 개인적인 특성을 정말 잘 알 수 있는 사람이 추천서를 작성하는 것이 마땅하지 않을까. 그리고 추천서의 내용 또한 당연히 중요하지 않겠는가. 서류 평가로 진행되는 전형 과정에서 학생을 이해하고 판단할 자료로서 활용되는 것이 추천서라는 사실을 제대로 알고 있다면 말이다.

　여기까지 이해하면 추천서가 엄청나게 중요하여 교사의 부담감만 가중하는 서류가 아닌가 하는 생각을 지울 수 없다. 부담감이라……. 사실 부정하기 어렵다. 그러나 어쨌든 서류를 작성하는 본인도 서류를 읽는 입학사정관도 어느 정도의 부담감은 가져야 하지 않을까 싶다.

　다시 돌아와서, 추천서의 내용은 그럼 어떠해야 하는가. 사실 어떠하냐면, 매우 비슷하다. 학교에서 학생들이 얼마나 특색 있게 자신을 보여줄 수 있을까. 교사에게 강렬한 인상을 심어줄 만큼 특색 있게 학교생활을 하는 학생들이 얼마나 될까. 그건 좀 어려울 수 있다. 그러다 보니 학교생활기록부에 기재되어 있는 일부 내용을 조금 더 구체화한다거나, 한글의 가장 큰 특징인 다양한 미사여구로 추천서 여백을 꽉 채운 서류를 만나는 경우가 다수이다.

　그렇지만 꼭 말하고 싶은 것은, 이런 추천서의 내용이 변화하고 있다는 사실이다. 그것도 아주 많이 변화했다. 그냥 위인전에 나올 법한 좋고 좋은 말들의 향연은 사라지고, 언제-어디서-어떻게-왜 그랬는지를 밝히면서 학생이 가지고 있는 '역량'을 구체적으로 기재하기 시작했다. 이런 변화가 교사에게 어떤 업무적인 부담을 떠안기는지, 모른다고 할 수 없고, 다 안다고도 할 수 없다. 하지만 추천서가 왜 필요한지, 어떻게 작성해야 하는지 소리 내어 이야기했던 입장에서는 세심하게 작성한 추천서를 읽게 될 때마다 감사하고 감사한 순간이었다.

추천서가 대입전형 서류로 각인되기 시작하면서부터 셀프 추천서가 대두되기 시작했다. 학생이 초안을 써서 교사에게 확인을 받고 조금의 수정, 아니 윤문을 거쳐 제출하는 것이다. 심지어는 학생이 쓰는 것이 아니라 사설기관이나 타인에게 의뢰하여 추천서를 대리 작성하게 한 뒤 교사가 제출하기도 한다. 게다가 그렇게 지급되는 돈이 뒷목 잡을 만큼의 액수가 된다.

이런 추천서를 보면 얼마나 술술 잘 읽히는지 모른다. 세상 이렇게 매끈한 글이 없고, 학교생활기록부에 나와 있는 사소한 사건까지 설득력 있게 잘 엮어놓았다. 그런데 교사가 본 학생의 모습이 없다. 뭐 학교생활기록부의 요점이 잘 정리되어 있다고 해야 할까. 에센스처럼 잘 간추렸다고 해야 할까.

사실 이렇게 첨삭이라고 해야 할지 대리 작성이라고 해야 할지 모를 추천서를 제출한 학생이 합격하는 경우가 전혀 없다고 볼 수는 없다. 추천서와 별개로 이 학생이 제출한 다른 서류로 우수성을 인정받을 수는 있기 때문이다. 그런데도 단지 추천서 덕분에 합격했다는 오해가 쌓여 이러한 추천서의 재생산이 이루어진다.

결국 이렇게 말도 많고 탈도 많던 추천서가 2022학년도부터 모든 대학의 모든 전형에서 폐지된다.[15] 여기에는 수험생의 제출 서류 부담 완화, 교사의 업무 부담 경감 등의 이유가 따른다. 업무적으로만 접근하면 대학 입장에서도 읽어야 할 서류가 하나 줄어드니 편리하다고 볼 수도 있겠다. 그렇지만 개인적으로는 아쉬운 부분이다.

추천서는 교사가 학생을 바라보는 또 다른 모습, 아니 실제 모습일 수 있다. 학생들은 하루 중 집에서보다 학교에서 훨씬 많은 시간을 보낸다. 수험 생활이라는 것이 집은 잠만 자고 나오는 곳이고, 가족은 아침에 잠깐 저녁에 잠깐 만날 뿐, 부모도 내 자식 속을 모르는 세상 아닌가. 뭐 교사라고 그것을 다 아는 것은 아니지만, 어쨌든 학교라는 사회 안에서 학생들이 여러 가지 상황에 직면했을 때 대처하는 태도, 문제를 해결하는 방법을 바라볼 수 있는 유일한 사람이다. 그래서인지 추천서가 제도적으로 폐지되는 것은 매우 아쉽다.

.autumn.

왜 쓰는지 모르는 자기소개서

'자기소개서'를 써본 경험은 세대마다 다르다. 어느 세대에게는 자기소개서란 대학 입학에 필요한 서류가 아니라 회사에 취업하기 위한 서류였다. 그런데 이 서류가 어느새 대학에 갈 때도 준비해야 하는 서류가 되었다.

대학에 입학할 때도 자기소개서로 씨름을 하고, 회사에 취업할 때도 자기소개서로 씨름을 한다. 그런데 잘 생각해보면 우리는 늘 누군가에게 나를 소개한다. 다만 시간과 장소 그리고 나를 소개하는 이유나 목적이 다를 뿐이다.

학교에서 새 학년이 되었을 때 친구를 사귀는 과정에서 우리는 대부분 이름과 사는 동네, 서로 알 만한 것들을 공유하며 라포르rapport를 형성하려고 노력한다. 그렇게 서로에게 격 없이 나를 소개한다. 사회에서 공식 업무 일정으로 사람을 만나게 되는 경우, 내가 이 업무에서 무슨 일을 어떻게 처리하는지를 주로 이야기한다. 이 자리에서 내가 시간이 나면 즐겨 하는 것이나 퇴사 계획을 말하지는 않는다.

　어쩌면 우리가 생을 마감할 때까지 누군가를 만나게 된다면 늘 나를 소개하는 일이 끊이지 않을 것이다. 그런데 이렇게 나를 소개하는 것과 이것을 글로 담아내는 것은 또 다른 문제이다. 이 글이 그저 나에 대한 소개에 그치지 않고, 인생의 합격과 불합격을 결정짓는 또 하나의 관문과 직결되기 때문이다.

　자기소개가 시험처럼 느껴지는 사람은 수험생과 취업준비생으로 대표될 것이다. 취업지원센터나 관련 기관에서 주최하는 자기소개서 작성법 특강을 들어보면 목적에 맞는 글을 써야 한다는 결론을 얻을 수 있다. 회사에서 제시하는 자기소개서 문항은 그 회사에서 사원을 선발할 때 확인하고 싶은 내용이나 필요로 하는 내용으로 구성된 것이다. 그래서 그냥 글을 쓰는 것이 아니라 문항에서 요구하는 내용을 답변해야 한다. 지원자가 하고 싶은 이야기보다 묻고 있는 내용을 제대로 답변하는 것이 중요하다. 그런데도 외골수처럼 미리 준비한 자신의 답변만 곧

이곧대로 작성하는 사람이 있고, 목적과 무관하게 글짓기를 하는 사람도 있다.

처음 수시모집에서 대입 자기소개서 문항은 대학 자율 권한이었다. 2011학년도에 한국대학교육협의회가 5개 공통문항을 마련했고, 대학이 전형 특성에 따라 선택 및 추가할 수 있었다. 이후 매년 대학의 의견을 수렴하여 '대입 자기소개서 공통양식'의 문항을 개선하고 대학에 배포하여 사용하고 있다.

공통양식을 활용한다는 것은 수험생으로서는 반가운 일이다. 대학마다 다른 문항을 제시하면 그만큼 자기소개서를 작성하는 데 따르는 시간적, 정신적 부담이 커지기 때문이다.

공통양식의 문항은 매년 조금씩 수정되고 있다. 문항이 다듬어지면서, 자기소개서에 절대 포함하지 말아야 하는 금지 항목들이 조금 더 까다로워지고 세부적인 기준 또한 늘어나고 있다. 단순히 금지하는 것이 아니라 내용이 발견되면 '0점 처리', 즉 '불합격 처리'되는 사안까지 있다 보니 작성하기 전에 혹은 제출하기 전에 해당 내용을 다시 한 번 검토할 필요가 있다. 어쨌든 사교육 유발 요인을 억제하고 공정성을 강화할 목적으로 고등학교 안에서 경험하고 학습한 내용만 기재하는 방향으로 개

선되고 있어서 대부분 학생에게 큰 어려움으로 다가오지는 않을 것이다.

대입 자기소개서는 2011년부터 유사도 검증을 진행해왔다.[16] 이제는 이 유사도 검사라는 말이 낯설지 않아졌다. 유사도 검사가 어떻게 진행되고, 그 결과에 따라 지원자의 합격·불합격에 어떤 영향을 줄 수 있는지를 대학 설명회나 모집 요강을 통해서 안내하고 있기 때문이다.

실제로 원서 접수가 끝난 뒤 한국대학교육협의회의 유사도 검색 시스템을 거친 자기소개서 검증 결과가 대학에 배포된다. 그러나 매년 힘을 주어 설명하고 있는데도 여전히 표절로 인해 불합격 처리되는 사례가 발생한다. 유사도 결과 처리 절차는 대학별로 조금씩 차이가 있으므로 과정 소개는 생략하도록 한다. 다만 여전히 표절이 나타나는 이유에 대해서는 한 번쯤 생각해 보아야 한다.

자기소개서를 합격의 수단처럼 활용해 다른 합격자의 자기소개서를 도용하거나 차용하는 경우는 반드시 유사도 검색에서 적발된다. 지금 내가 다니고 있는 지역의 고등학교와 아주 멀리 떨어진 지역에 있는 고등학교 학생의 자기소개서라도, 이미 졸업한 선배의 오래전 자기소개서라도 모든 자료가 대조되기 때문이다.

심지어 어떤 고등학교에서는 '자기소개서 쓰기 대회'(정확한 명칭이 기억나지 않는다)에서 1등을 한 학생의 자기소개서가 전교생에게 공개되었는데, 이를 자신의 내용으로 차용한 학생들과 일부 형식을 빌려 쓴 학생들 모두가 표절 대상자로 적발된 경우도 있었다. 이 사건은 학생들에게 자기소개서를 직접 작성하는 것에 대한 중요성을 각인시켰고, 이를 계기로 고등학교에서는 의미를 찾지 못할 이런 종류의 대회가 없어졌다.

어느 해인가 설명회에서 서류 평가 특강을 진행한 적이 있다. 지난해 합격자의 서류를 예로 들어 실제로 어떻게 서류 평가가 진행되는지 설명했다. 합격자의 학교생활기록부, 자기소개서, 추천서 등의 서류가 평가 시 어떻게 유기적으로 연결되고, 이런 부분을 통하여 어떤 것을 읽어낼 수 있는지 설명하고 돌아왔다.

그리고 그해에 수시접수가 종료되고 서류 평가를 시작하는데 낯익은 사례가 쏟아져 나왔다. 합격 사례를 통해 공개된 '동아리 활동' '읽은 책' 등이 수많은 지원자의 서류에 동일하게 기재되어 있었다. 특강에서 이야기하고자 했던 부분과는 달리,

'합격'이라는 타이틀이 달린 사례는 빛의 속도로 퍼져나가서 너도나도 참여하고 경험한 의미 없는 활동이 되어버렸다.

자기소개서를 '특별'하게 작성해야 한다는 강박에 가득 차 있는 학생들이 많다. 그래서 자기소개서를 이야기하는 자리가 있으면, 고등학생이 학교 안에서 경험하는 일반적인 모든 것이 자신만의 소재가 된다고 강조하는 편이었다.

그러면서 합격자의 자기소개서 문항 1번(2021학년도 기준) '고등학교 재학 기간 중 학업에 기울인 노력과 학습 경험에 대해, 배우고 느낀 점을 중심으로 기술해주시기 바랍니다'의 작성 사례를 소개한 적이 있다. 어렵고 싫었던 수학 과목을 어떻게 공부하였는지, 어떤 과정을 거쳤는지, 그리고 어떤 배움과 결과를 얻게 되었는지를 설명했다.

그런데 그 후로 자기소개서 1번 문항을 작성하는 패턴이 내가 설명한 방식으로 공고해진 것을 발견할 때마다, 학습 효과가 놀랍다고 해야 할지 응용력이 없다고 해야 할지 도무지 감이 잡히지 않는다.

'합격자의 사례'가 누군가의 '합격'을 보장하는 것은 아니다. 그런데도 우리는 무턱대고 자꾸 의존하게 된다. 특강을 진행할 때 사례를 공개하는 것이 점점 더 어려워지는 이유는 발표된 하나의 사례가 다음 해에는 대유행이 되어버린다는 점 때문이다. 사례에 담긴 의미는 사라지고 오직 형식만 남는다.

아무리 설명해도 여전히 오해하는 부분이 있다. 대입 자기소개서는 글짓기 대회가 아니라는 점이다. 좋은 소재를 가지고 스토리를 잘 잡아서 작성하는 극본이 아닌데, 정작 학생들은 자기소개서를 잘 쓰고 싶어 끙끙 앓다가 그 부담감을 이기지 못하고 외부 기관에 작성을 의뢰하거나 타인의 도움을 받으려 한다.

아마도 누군가의 첨삭이나 윤문을 받은 자기소개서는 입학처가 다 파악하기 어려울 정도로 많을 수 있다. 예전과 달리 자기소개서 중 자연스럽게 잘 다듬어진 글이 많이 눈에 띄어서다.

글이 잘 읽히는 것과 학생을 평가하는 데 유의미한 내용이 있는 것은 '다른' 문제이다. 많은 학생과 학부모는 이 점을 놓치고 있는 듯하다. 잘 읽히는 자기소개서는 누구라도 만들어낼 수 있다.

사실 나도 나를 잘 모를뿐더러 어제 먹은 점심 메뉴도 잘 생각나지 않는 것이 우리의 요즘 아닌가. 지난 고교 3년간의 수업, 수행평가와 정기고사, 동아리 활동 등에서 학생이 겪었던 어려움과 즐거움과 성취감 모두는 타인이 파악할 수 없다. 내가 아닌 누군가가 학교생활기록부 몇 번 읽고 나에 관한 자기소개서를 써줄 수 있을까? 물론 글이라는 것은 어떻게 표현하느냐, 어떻게 서술하느냐에 따라서 읽는 이로 하여금 글쓴이에 대한 인상을 달리하게 만드는 게 사실이다. 그래서 작가가 직업이 될 수 있는 것이다.

그런데 말이다. 대학에 입학하고자 하는 고등학생에게 어느 정도의 필력을 요구할 수 있을까? 대학에서 공부하는 모든 전공에서 모든 학생에게 어느 정도의 수준 높은 글쓰기를 기대해야 할까? 그렇다면 자기소개서를 쓴다는 것과 글쓰기 대회가 무엇이 다를까?

자기소개서는 학생을 주인공 삼아 학부모가 제작하고, 학원에서 연출하고, 학교에서 감독하는 연극이 아니다. 많은 학생이 자기소개서를 꼭 글짓기처럼 착각하고 소재와 스토리에 강하게 집착한다. 어쩌면 특별한 나를 만들기 위한 극적인 재료를 찾으려 하는지도 모르겠다. 그러나 매력적인 글쓰기를 고민하는 것과 글의 본질을 고민하는 것은 다른 갈래이다.

자기소개서는 정답이 없는 글이다. 고등학교 3년의 시간에서 이 학생이 어떤 상황을 직면하고, 그 상황에서 어떤 선택을 했고, 그 과정과 결과가 어떠하였는지, 그것이 어떤 영향을 미치게 되었는지, 무엇을 어떻게 왜 하였고, 무엇을 어떻게 알게 되었는지, 그리고 또다시 무엇을 어떻게 왜 하였는지 반복되는 과정에서 어떤 분야에 지적 호기심을 보이는지, 어떤 탐구력을 가졌는지 읽어내고 싶은 것이다.

다른 친구보다 나의 자기소개서가 '특별'해야 하는 것은 아니다. 전국의 고등학교 학생들이 그렇게 사연이 많고 특별한 생활을 하기에는 우리나라 정규교육 과정은 생각보다 많은 시간을 지배한다. 게다가 같은 학교 안에서 모든 학생이 각기 다른 학습 경험을 하기도 어렵다는 사실을 대학은 너무나 잘 알고 있다.

간혹 지역이나 학교별로 학생들이 접할 수 있는 학습 경험의 차이가 나타나는 경우가 있다. 그렇기 때문에 단순히 경험 여부만으로 학생의 역량을 판단하지는 않는다. 100개를 손에 쥐여주어도 10개밖에 받아들이지 못하는 학생이 있고, 5개만 주어도 그 5개를 변형해 새로운 1개까지 만들어내는 학생이 있다. 주어지는 환경은 다를 수 있고, 같은 환경에서 무언가를 받아들이고 자기 것으로 만들어가는 데에도 차이가 있다. 그렇기에 단순히 자기소개서만으로 어떤 학생을 온전히 판단하는 것은 대학의 어느 누구도 마냥 옳다고만 생각하지 않는다.

그럼에도 불구하고 대학이 아직까지 자기소개서를 대입전형 자료로 활용하고 있는 이유는 무엇일까.

어쩌면 아직 한국의 고등학교 교육 과정에서 헤매고 있는 학생들에게 직접 목소리를 낼 수 있는 공간을 마련하기 위함일 수 있다. 어쩌면 지난 3년간의 학교생활기록부에서는 말하지 못했던 자신의 모습을 스스로 설명할 수 있는 공간을 마련하기 위함일 수 있다. 면접에서 마지막으로 하고 싶은 말을 묻는 것처럼, 대학에 지원하기 전에 학생이 하고 싶은 말을 펼칠 수 있는 공간을 마련하기 위함일 수 있다.

하지만 여전히 자기소개서는 학생들에게 당락을 결정하는 서류로 받아들여지고 있고, 이것이 학생과 고등학교의 부담으로까지 이어지는 까닭에 결국 2024학년도부터 대입전형 자료로서 폐지된다.[17]

그러나 이와 별개로 자기소개서를 써보는 경험은 참 값진 것 같다. 한 번쯤은 나에 대해 돌아볼 수 있는 반강제적인 시간이자 기회이다. 꼭 그게 대입을 앞둔 고3 때여야 하느냐고 묻는다면, 그때만큼 적기가 또 있을까 싶다. 자유학기제, 고교학점제라는 교육의 틀에서 지금 그리고 앞으로의 교육 과정은 학생의 과목 선택권을 보장하고, 수업의 내용과 방식 그리고 평가 방식을 개선하는 등 예전과는 많이 달라진 모습을 보이고 있다. 학생들이 이런 교육 환경을 흡수하고 지금쯤이면 본인이 걸어갈 방향을 결정할 수 있어야 한다는 말이 아니다. 그렇지만 이쯤이면 충분히 고민해볼 수 있지 않을까? 이때 치열하게 고민한 흔적들은 미래의 어느 날을 위한 또 다른 자양분이 될 수 있으리라 생각한다.

가을에서 겨울

• PART 5

○ ○ ○

3월에서 4월 즈음이 취업의 상반기 공채 시즌이라면 9월에서 10월까지는 하반기 시즌이다. 졸업을 앞둔 대학생들은 학생증이 아닌 사원증을 목에 걸고 있는 모습을 선망한다. 그리고 수시로 올라오는 각종 기업 채용 공고에 모든 감각을 곤두세운다. 이 과정에서 그때 조금 더 열심히 공부하지 않은 걸 후회하거나, 정말 열심히 했는데 그 노력이 오롯이 인정받지 못한다며 답답해하기도 한다. 한편으로 왜 나는 하고 싶은 것이 없을까, 이제 대체 무엇을 해야 할까를 여전히 고민하는 학생들도 생각보다 많다.

요즘 우리에겐 '꿈이 무엇이니?'라는 질문이 낯간지럽다. 꿈이라는 단어가 품은 희망과 미래가 다소 비현실적이고 때론 사치스럽게 다가오기도 한다. 어쩌면 꿈을 꾸는 법조차 잊어버린 듯하다. 고등학생들을 만나 꿈이 뭐냐고 물어보면 대개 꿈이 없다고 말한다.

고3이 되고 나니 눈앞에 놓인 대입을 외면할 수 없기에 일단 대학 진학이라는 꿈을 꾸지만, '왜' 대학에 가는지, '왜' 이 전공을 선택하는지, '왜' 공부를 해야 하는지는 알지 못한다. 꿈을 꾼다는 것은 자기 삶의 방향과 태도를 가지는 일이다. 그러면서 자신만의 이유 또한 생겨난다. 굳이 남보다 멋있는 기준을 만들 필요는 없다. 남과 다른 속도여도 괜찮고 남과 다른 방향이어도 괜찮다. '나'만의 이유를 가지고 선택해나간다면 언젠가 돌이켜봤을 때 꽤 근사한 나의 시간이 되어 있을 것임을 믿는다.

오직 시험만이 살길일까

대한민국에서 제일 조용한 25분이 있다. 대학수학능력시험의 영어 듣기평가 시간. 항공기 운항도 이 시간대를 피하고, 주변 소음 모두 자제한다. 시험 당일 아침에 수험생들이 지각할 것을 대비하여 경찰관들도 협조하고, 이 시간대의 혼잡을 막기 위해 회사원들의 출근 시간이 1시간 늦춰지기도 한다.

정말 대단한 시험 아닌가. 12년 정규교육의 최종 성적표를 받기 위한 마지막 시험, 대학수학능력시험. 어쩌면 인생의 특별한 관문이라고도 하는 대입을 위해 고강도 교육 체계를 유지하고 있는 대한민국의 특별한 모습일 것이다.

대한민국의 수능은 조금 특별한 시험이기에, 이것이 누군가에게는 큰 패배감을, 누군가에게는 엄청난 희망을 안겨다주기도 한다. 시험 자체에 대한 신뢰도나 타당성보다는 시험 결과에 의해 인생의 제2막이 결정되고 마는 한국 사회의 특징 때문일 것이다.

장장 19년, 아동기를 거쳐 청소년기에 이르기까지 어떻게 그 시간을 보냈는지는 중요하지 않다. 이날의 성적 하나가 어쩌면 인생의 만능키처럼 작용하기에, 아니 작용하는 듯 보이기에 여전히 대한민국 시험의 성지 노량진은 불을 밝히고 있고, 대한민국 사교육의 메카로 불리는 대치동은 뜨겁기만 하다.

수능 결과에 따라 학생들은 대학에 진학하기도 하고, 고등학교 졸업을 유예하듯 고등학교 4학년 생활을 보내기도 한다. 수험 생활을 다시 반복하는 '재수再修'의 시간을 시작하는 것이다.

수능 성적이 발표되는 시기가 되면, 수능 만점자에 대한 이야기가 어김없이 회자된다. 그리고 대개의 이야기는 '그때 그 사람은 어떻게 살고 있을까?'라는 대중의 순수한 호기심을 충족하기보다는 '열심히 공부해서 좋은 대학에 가야 한다'라는 부모의 잔소리를 돕기 위한 명분으로 작용할 뿐이다. 어쩌면 수능 만점자들의 이야기는 수험생들에게는 알고 싶지 않고 듣고 싶지 않은 요주의 기피 대상일 수 있다.

　1994학년도 연 2회 시행으로 시작된 수능은 매년 크고 작은 변화를 겪었다. 1997학년도부터 대학 본고사가 폐지되면서 수능은 200점에서 400점 만점 제도가 되었고, 1999학년도 6차 교육 과정이 적용되던 해의 수능에서는 사회·과학탐구영역에서 공통외 선택과목제가 적용되며, 과목 간 난이도 차이로 인한 유불리 현상을 막기 위해 표준점수체제가 도입되었다. 이해 수능 첫 만점자가 나왔다. 2000학년도에는 백분위 성적이 추가로 제공되었으며, 66명의 만점자가 나올 정도로 역대 최고의 물수능이라는 오명을 얻었다. 그리고 2002학년도에는 수능 총점 대신 수능 9등급제가 처음 도입되었고, 만점자 한 명 없는 불수능으로 마무리되었다. 당시 수능 성적 비관 자살자가 61명에 달하여 대통령이 대국민 사과를 하기도 했다.

　2002 월드컵 수능 세대가 무대에 오른 2003학년도에는 소수점 배점 문항의 반올림으로 인한 점수 역전 현상에 대해 소송이 제기되었고,[18] 2004학년도 수능부터는 문항별 배점이 모두 정수로 바뀌기도 했다. 이해 최초로 복수 정답이 인정되었다.[19] 더불어 6차 고교 교육 과정의 마지막 수능으로 2005학년도부터 수능 체제가 변경되는 터라 재수의 부담이 컸던 해였

다. 2005학년도는 7차 교육 과정이 적용되던 해로, 2차 수능 개편을 거쳐 수능 성적이 500점 만점으로 변경되었다. 원점수가 사라지고 표준점수와 백분위, 등급만으로 표기되었다. 2007학년도 수능부터는 시험일이 수요일에서 목요일로 변경되었다. 2008학년도 수능에서는 수능시험의 영역 및 과목별 9등급제(성적표에 등급만 표기)가 처음 시행되었으나 2009학년도에 폐지되었다. 2014학년도 수능부터 시험 영역의 명칭이 변경되고, 2017학년도 수능에서는 한국사가 필수 영역으로 지정되어 절대평가로 시행되었다. 그리고 2018학년도 수능은 포항에서 지진이 발생하며 수능시험이 일주일 연기되는 한국 수능 사상 초유의 일이 벌어졌다(2018학년도 수능은 2017년에 시행된 수능을 의미한다).

수능시험 체제는 어느덧 30년을 바라보고 있지만 여전히 계속해서 변화하고 있다. 교육 과정에 따른 변화, 사회문제로 야기되는 사교육 해결 방안으로서의 변화, 표준화된 시험으로서 타당한 평가를 위한 변화 등이 계속 반복되었다.

그리고 그 안에서 난이도 조절 실패, 수험생 혼란과 사교육 조장, 공교육 붕괴라는 어마 무시한 뉴스 헤드라인을 양산하고 있다. 그런데도 여전히 한국은 수능이라는 제도를 통해 삶을 변화시키겠다는 혹은 그것으로 삶을 유지하겠다는 희망을 품기도, 너무 큰 좌절과 희생을 하기도 한다.

너무도 싫어하는 시험이지만 결국 또 시험으로 돌아가는 우리는 왜 그런 것일까. 일평생 치르고 있는 이 시험이라는 녀석은 익숙해질 법도 한데, 어쩌면 익숙해졌을 텐데, 그런데도 불편하다. 측정의 도구가 아니라 당락을 결정하는 열쇠가 되어버린 모든 시험은 스트레스 유발자인 게 확실한데, '믿을 건 시험'이라고 말하며 결국은 버리지 못하는 애증의 대상인 것도 같다.

일찌감치 공무원 시험을 준비하는 젊은 세대가 찾은 삶의 방향은 이제 대학도, 능력도, 자아실현도 아니다. 오직 펜 하나 들고 이 전쟁터에서 살아남을 수 있는 수단인 시험을 통해 안정을 보장받는 삶으로 귀결된다. 물론 시험을 등지고도 계급투쟁의 사다리를 쟁취하는 이들이 나타나고 있지만, 아직은 보편화되어 있다고 보기 어렵다. 그래서 우리는 시험에 더욱 예민해지고, 불합리한 것을 찾아 불공정함을 부르짖고, 시험 성적에 대한 서열이 완전하지 않음을 알면서도 수용하는 마음가짐과 순응하는 태도를 우리 안에 내면화한다.

autumn·TO·WINTER.

대한민국 수능의 최전선에서

2017년 11월 15일 수요일 수능 전날, 그날도 어김없이 사무실에서 퇴근을 바라보며 야근을 하고 있었다. 옆자리 선생님이 "지진?"이라는 한마디 말을 내뱉기 무섭게 모든 선생님이 한쪽으로 몰렸다.

경미한 지진은 그동안 남부 지역에서 몇 차례 일어나기도 했고 무서움을 느낄 만한 지진이 그해 들어 처음은 아니었지만 그날의 지진은 달랐다. 바로 수능 전날이었기 때문이다.

수능시험이 일주일 연기되었다.

일단 전국 시도교육청과 시험장으로 지정된 각급 학교에 이르기까지 모두가 비상이 걸렸다. 이 상황에 가장 혼란스러운 것은 누구보다 수험생이었을 것이다. 문제는 이미 밤 9시가 넘은 시각에 교육부가 '수능 연기'를 발표했다는 것이다. 시험 당일 컨디션을 유지하기 위해 일찌감치 잠든 수험생들은 이 사실을 까맣게 몰랐고, 어찌어찌 이 사실을 접한 수험생들은 혼란스러운 마음을 각종 SNS에 표출하고 있었다.

수능이 연기된 것은 딱 일주일이지만, 하루가 연기되든 일주일이 연기되든 연기는 연기다. 바로 다음 날 사설 교육기관은 온라인과 오프라인으로 수험생들에게 일주일 특강을 제공했다(아니면 유혹했다고 말해야 할지도). 언제나 느끼지만 사설학원은 참 발 빠르다.

모두가 일사불란하게 움직이고 있었다. 대학도 예외는 아니었다. 수능 시험일 연기에 따라 수능 성적 발표일이 늦어진다. 그렇게 되면 정시모집 전형 일정에 영향을 주고, 수시모집도 마찬가지다. 수시모집에서 수능 성적 자체가 반영되지는 않지만, 수능최저학력기준이 적용되는 전형이 꽤 있으므로 이 전형의 합격자 발표일이 변경되기 때문이다.

게다가 수능시험 이후에 서류 접수를 하거나 면접시험, 논술시험 등이 있는 대학의 경우 수능시험 일정을 고려하여 이 모든 전형 일정을 순연할 것인지, 그냥 진행해도 다른 일정에 무리가 없는지를 파악해야 했다. 대학도 비상인 셈이다. 대부분 대학은 관련 대입 일정을 교육부 일정과 교육부의 권고에 따라 순연했다. 이로써 대외적인 것들은 일단락이 되었으나 내부적으로는 전쟁이 시작되었다.

논술시험이 일주일 연기되면서 이미 모든 준비가 끝난 서류 제반 사항을 연기된 일정에 맞춰 재출력하고, 시험장으로 쓸 강의실 및 공간 대여를 다시 진행했다. 대학 내 공간이라는 것이 입학처와 고3 수험생만을 위한 공간이 아니고, 대학의 일정에는 대입 시험 외에도 각종 대학원 전형 일정 및 내부 세미나 등등 예약 상황이 있기 때문에, 이 모든 것을 다시 협의하고 조정해야 했다.

그뿐만 아니었다. 대학별 시험을 출제하기 위해 출제장에 입소한 출제위원의 경우는 시험이 종료되어야 퇴소가 가능하기 때문에 부득이하게 퇴소를 일주일 미루었다. 그러지 않아도 답답한 입소 생활이 연장되었다는 소식은 안에 있는 사람들에게 당혹스러운 비보였을 것이다.

그러나 출제위원에게 이 소식을 알리는 것보다 가족에게 사실을 알려야 하는 것이 여러 가지로 참 난감했다. 모든 것이 보안 사항이기에 가족마저도 출제위원들이 출제를 목적으로 집을 떠나 있다는 사실을 모르기 때문이다. 연락을 받은 가족 역시 너무 당혹스럽고 걱정스러웠을 것이다.

출제장에서 일주일을 더 지내는 데 필요한 물품, 가령 개인별 복용 약 등을 요청하고, 서로의 메시지를 전달하고 또 전달받는데 몇 번이나 울컥하게 되었다. 그중 출산을 앞둔 가족이 있는 한 위원은 불안한 시기에 함께하지 못하는 마음을 가득 담은 메시지를 전달했고, 나는 가족에게 온 답신을 받아 다시 그에게 전달했다. 사진 한 장도 1시간 안에 전국으로 퍼지는 것은 일도 아닌 이 나라에서, 대외비와 보안 유지라는 이유로 직접 나누어야 할 지극히 개인적인 마음의 영역을 중간에서 전달하고 있자니 겸연쩍은 마음이 들었다.

여진 가능성에 대한 보도가 계속됨에 따라 수험생뿐 아니라 시험장의 모든 사람, 지역주민의 안전 문제와 불안감이 증폭되던 상황에서 수능은 일주일 연기로 마무리되었고, 어쨌든 각 대학도 준비한 순연 일정대로 전형을 마무리했다.

그에 비하면 다음 해 일어난 사건은 해프닝에 그치는 수준이었다. 2018년 10월 21일 청와대 국민청원 홈페이지에 수능 샤프 제품명을 공개해달라는 청원 글이 올라왔다. 2005학년도 (2004년 실시) 수능에서 개인 필기구를 사용한 부정행위가 적발되면서, 한국교육과정평가원은 다음 해 수능부터 필기구로 쓸 샤프를 제공해왔다. 그런데 그 업체가 제품 공급을 중단하면서 새로운 업체의 필기구가 수험생에게 제공된다는 사실이 안내된 것이다.

시험이라면, 아니 수능이라면 종교를 막론하여 100일 기도를 하는 국민이 그냥 넘어갈 리 없었다. 이미 수능에서 제공된 샤프는 중고거래 장터에서도 시장성 높은 제품이었고, 미리 이 업체의 샤프를 사서 수능 당일을 연습하는 학생도 더러 있었다. 필기구 하나 바뀐 게 국민청원까지 올라갈 일이냐고 비난하는 사람들도 있을 것이고, 익숙하지 않은 필기구로 인해 시험을 볼 때 불리해진다고 주장하는 사람들도 있을 것이다. 여러 논란이 있었지만, 한국교육과정평가원은 수능 샤프 업체명을 사전에 공개하지 않았다.

그런가 하면 2020년은 모두가 기억하다시피 환난의 해였다. 2021년 3월 31일 교육부는 신종 코로나바이러스 감염증-19(코로나19, COVID-19)로 인한 2021학년도 수능 시행일 등 대학입시 일정 조정안을 발표하였다.[20] 누구도 예기치 못한 일이 발생했지만, 코로나19는 삶의 모든 것에 영향을 주었고 대입도 예외는 아니었다. 수능 연기에 따라 학사 일정을 포함한 모든 대입 일정이 연기되었다. 집단감염이 심각하게 불거지며 각종 시험, 자격고사, 채용 절차가 연기되거나 중단되었고, 학교는 온라인 개학이라는 새로운 국면을 맞이했다. 팬데믹(세계보건기구WHO가 선포하는 감염병 최고 경고 등급)으로 인한 여파는 우리 삶에 예상보다 훨씬 깊숙이 파고들었다.

2021년, 수능시험의 과목과 평가 방법이 개편되었다. 흔히 문과와 이과로 구분되는 선택과목의 트랙을 폐지하고, 2015 개정 교육 과정과 함께 학생들이 원하는 과목을 선택해서 시험에 응시할 수 있게 되었다. 하지만 대학에서 일부 전공을 지원하는 학생들에게 응시 과목을 제한하였고, 자유롭게 과목을 선택하는 것은 어려워졌다. 또한 선택하는 과목에 따라 최종 성적에 많은 영향을 미치는 바람에, 학생들이 더 높은 성적을 얻기 위해 특정 과목을 선택하기도 한다. 과목의 위계나 내용의 난도와 상관없이 선택과목에 따라 성적이 달라진다는 이유로 유불리와 공정성 논란이 일었다.

이렇게 보면 수능과 관련하여 이슈가 없던 때가 한 해라도 있었나 싶다. 이런 논란에서 빠질 수 없는 것은 '난이도' 문제이다. 물수능으로 대량 만점이 나왔으면 다음 해엔 불수능이 되는 난이도 조절은 시소게임처럼 참 쉽지 않다.

수능의 난이도는 대학 입학처에서 다루는 여러 수치에 영향을 준다. 첫 번째로는 수능최저학력기준이 적용되는 전형에서 충족률이 얼마나 될 것인지다. 그에 따라 실 경쟁률이 큰 변수로 작용하게 된다. 두 번째로는 정시전형에서 어떤 지원 분포를 보일지 예측해보는 일이다. 대개 국어와 수학은 원점수에 의한 표준점수를 사용하지만, 사회탐구와 과학탐구의 경우 다양한 선택과목에 따라 응시인원과 난이도의 영향을 많이 받다 보니 성적(대학별로 백분위/등급을 선택하여 반영)에 의한 대학별 변환 표준점수를 사용한다. 그래서 흔히 대학별로 '불보정'이니 '물보정'이니 하는 말이 생겨났다. 점수의 변별을 많이 두면 불보정이고, 그 반대이면 물보정이 되는 것이다.

이처럼 수많은 우여곡절을 거쳐 12월 수능 성적표가 발표되면 입학처는 또 한 번 분주해지기 시작한다.

어느덧 꼬박 일 년

수능 성적이 발표되면 곧 수시모집 전형 합격자 발표가 진행된다. 일부 대학은 수시모집의 일부 전형에서 수능최저학력기준을 설정하고 있다. 수능최저학력기준 충족 여부는 데이터로 연산되는 부분이기에 과정이 꽤 빠르게 진행된다.

단계별 전형이 진행된다면 단계별 접수를 합산하게 될 것이고, 일괄합산 전형이라면 모든 전형 요소의 점수가 합산될 것이다. 그렇게 최종 성적을 바탕으로 학생의 합격과 불합격이 결정된다. 수시모집의 최종 합격자가 발표되면 합격자는 등록 예치금을 납부한다.

대학별로 하나의 전형씩 골라 총 6개 대학에 지원할 수도 있고, 한 대학에 여러 개 전형을 지원할 수도 있다. 수시모집에 지원한 최대 6개의 원서 중 여러 전형에 합격할 수도, 그중 하나의 전형에 합격할 수도, 어느 전형에든 합격하지 못할 수도 있다. 원서를 낸 6개의 전형에 모두 합격했다는 기분 좋은 상상을 해보자. 대학별로 1개의 전형에 지원했다면 6개 대학의 6개 전형에 합격하게 될 것이고, 대학별로 2~3개 전형에 지원했다면 2~3개 대학에 합격하는 가정을 해볼 수 있다. 어쨌든 합격자는 그중 본인이 입학하고자 하는 대학과 입학 전형 그리고 학과(전공)를 선택해서 예치금을 납부하는 것으로 등록 의사를 밝힌다. 이렇게 합격자들의 등록이 마무리되면 미등록 인원을 파악하여 정해진 기간 내에 대학별로 추가 합격자 발표를 한다.

추가 합격자 발표는 마치 전쟁과도 같다. 발표 기간 자체가 여유 있지도 않을뿐더러, 대학별로 추가 합격자 발표가 진행되면 연쇄반응이 일어난다. 추가 합격이 발생하면 등록 포기가 발생하거나 추가 합격자 중 미등록이 발생할 수 있다. 그러면 다시 추가 합격을 발표한다. 이런 과정이 모든 대학에서 동일한 기간에 반복된다. 게다가 추가 합격자를 한 차례 발표하기 위해서는 입학처뿐 아니라 학교 내에서 등록 처리를 위한 부서, 입시정보 처리를 위한 부서 등 여러 부서가 함께 일을 진행한다. 어쨌든 이렇게 수시모집 최종 합격자 발표 기간이 마감되면 미등록 인원을 파악하여 정시모집으로 이월한다.

이제는 정시모집 원서 접수가 진행된다. 정시모집의 대부분은 수능 점수를 대학별 산식에 맞추어 지원하는 전형이다. 정시모집이 규모가 있었던 시기에는 정시모집을 위한 설명회가 대학별로 진행되었다. 그런데 최근 정시모집의 규모가 줄어들기도 했고, 정시모집의 전형은 사실상 아주 간단하기 때문에 이 시기에는 주로 학원가의 설명회만 진행된다. 단, 대학들은 각자의 데이터를 활용하여 지원을 앞둔 수험생을 대상으로 상담을 진행한다.

이렇게 정시모집 원서 접수가 마감되면 수능 점수를 계산하는 일반전형 외에 (서류 평가가 반영되는) 특별전형의 서류 평가를 다시 시작한다. 수시모집 전형에 비하여 지원자가 많은 편이 아니고, 대부분 정시모집에서는 서류 평가의 반영 비율이 적은 편이다. 하지만 적다고 읽어야 할 서류가 줄어드는 것은 아니고, 평가가 수월한 것도 아니다.

정시모집의 합격자 발표까지 마무리되면 수시모집에 등록

예치금을 납부한 학생들까지 최종 등록금을 납부하는 등록 기간이 이어진다. 그리고 정시모집 인원의 추가 합격자 발표 기간이 또 한 차례 이어진다. 정시모집의 추가 합격자까지 등록을 마감하면 한 학년도의 신입생 명단이 완료된다. 그렇게 한 학년도의 대입 일정이 마무리되면 어느새 한 해를 넘긴 다음 해 2월 중순이 된다.

1999년도에서 2000년도로 넘어가자 9○학번에서 0○학번으로 앞자리가 바뀌면서 엄청난 세대가 등장하는 듯했다. 지금은 0○학번에서 1○학번으로, 다시 1○학번에서 2○학번으로 바뀌었다. 심지어 이제는 2000년대에 출생한 학생들이 대입을 앞두고 있다. 어찌 보면 세월은 무상하고 쏜살같이 흐른다. 늘 새로운 학생들이 입학하는 시기가 다가오면 나 혼자 그 자리에서 어느새 1년이 지나버린 현실을 마주한다.

보이지 않는 벽 앞에서

한동안 교육계는 정상화를 외치고 있었고, 그 분쟁은 여전히 진행 중이다. 심지어 국가사업명이 '고교 교육 정상화 지원사업'이던 적도 있었다. 고등학교 교육을 정상화하기 위해 대학이 사업을 하는 셈이다. 스스로 우리가 지금 비정상이라고 자처하는 이 정책의 방향. 고등학교 교육의 문제가, 교실 붕괴의 원인이, 사교육을 조장하는 원인이 대입으로 향한다. 그렇다면 대입이 비정상이기 때문일까? 왜 그게 '대입 정상화 지원사업'은 아니었을까?

연일 공청회가 한창이다. 대학입시는 바람 잘 날이 없고, 순

탄했던 적도 없다. 수능이 문제이거나, 대입전형이 문제이거나, 입시 비리가 있거나, 대선을 앞두고 있을 때 정치공약으로 이리저리 흔들리거나……. 교육정책은 서로에게 생채기를 내며 탁상공론만 몇 해째이다.

늘 그래왔던 것처럼, 대부분 문제의 해결책은 전면 폐지와 단계적 폐지로 간다. 그것이 표준화된 시험이든, 대학별 시험이든, 학교생활기록부를 근간으로 하는 서류 평가이든, 모든 대입전형 방식의 장단점은 원색적으로 도용될 뿐이다.

'개천에서 용 난다'라는 말은 배움의 기회와 선택권을 가질 수 없던 우리 부모 세대의 아쉬움을 내포하고, 사회경제적 이동을 꿈꿀 유일한 수단이 그저 공부를 통한 학벌인 이 나라의 현실을 대변한다. 그래서 교육 뉴스는 유독 시끌시끌하다. 부동산정책과 교육정책은 모두가 불만이지만 모두가 해결하지 못하는 사회문제의 쌍두마차이다.

교육문제에서는 대입을 치르는 나이를 기준으로, 그리고 그 수험생을 둔 부모가 되는 나이를 기준으로 목소리의 크고 작음이 발생한다. 수험생이 되어가는 과정에서 목소리가 커지다가, 대입을 거치고 난 뒤부터는 갑자기 음소거한 듯이 소리가 줄어든다. 신기한 것 같지만 어찌 보면 당연한 일이기도 하다.

대입제도에 아무런 변화가 없었던 해는 손에 꼽을 수 있다. 한 해가 멀다 하고 교육 과정이 바뀌고 대입제도가 바뀌다 보니 대입전형의 안정성을 강조하는 정책이 나오는 것도 어쩌면 자연스러운 일이다.

안정성은 무엇을 의미하는 걸까? 자주 변하는 데 지쳐버린 사람들의 요구도 있겠지만, 어쩌면 조기교육처럼 내가 준비해 온 것들이 헛되지 않길 바라는 마음도 있지 않을까. 그래도 모든 것의 바탕은 대입이라는 관문을 통과하면서부터 계급이 나누어지는 이 사회 분위기였을 것이다.

1994년에 수능이라는 표준화된 국가시험제도가 시작된 이래로 대입제도의 혁신은 매년 진행되어왔다. 매년 입시 결과에 따라 모두가 입을 모아 '불합리하다' 혹은 '불공정하다'고 이야기했기 때문일지도 모르겠다.

모든 대학이 하나의 전형 방법을 운영하던 학력고사와 수능 점수 하나로 일원화된 대입제도. 사실 이렇게 대입을 운영하면 대학 입장에서도 일을 처리하는 데 매우 효율적이다. 인적·물적 자원은 물론, 시간도 최소화할 수 있다. 더불어 고등학교 현장도 편리하다. 학교생활기록부에 목숨 걸고 내신 경쟁을 하는 풍경도, 학교생활기록부에 기재되는 내용을 교사가 아닌 본인의 의사대로 써 오는 학생과 학부모도 없을 것이다.

수능 성적은 오롯이 학생 개인이 감당해야 하는 몫이다. 우리는 그것이 옳지만은 않다고 지적해왔다. 12년간의 학교생활을 어떻게 해왔는지와 상관없이 선다형으로 구성된 단 한 번의 시험 성적이 학생의 학업 역량으로 평가받기 때문이다. 결국 학업 역량을 평가하는 게 아니라 지식의 습득 범위와 정도를 확인하는 '시험을 위한 시험'이라는 문제점이 대두되었다.

그래서 다양한 학생들의 역량을 살펴보기 위한 대입전형이 시작된 것이다. 학생부종합전형이라는 제도 역시 완전하지 못하다. 꼭 대한민국의 대입이 아니더라도 학생을 서류만으로 평가한다는 것은 매우 어려운 일이다. 평가 항목과 평가 기준을 좀 더 보완해야 하고, 공정성을 보장하고 타당성을 입증하는 과정이 더욱 필요하다.

대학별 시험으로 진행되는 논술시험은 어떠한가. 이 역시 학생들의 논리적 사고력을 평가하기 위한 시험이다. 그런데도 학교 밖에서는 오직 시험의 기술을 익히는 데만 급급할 뿐이다.

한국 입시는 문제가 제기되면 '소 잃고 외양간 고친다'라는 비판을 받는다. 소를 잃었으니 또다시 잃지 않으려면 외양간을 고쳐야 하는데, 소를 키우지 않거나 외양간을 없앤다. 그래서 많은 것이 폐지되었다. 결국 모두의 합의로 남는 제도는 시험뿐이다. 인생 한 방 역전승을 기대하며 매주 로또를 사는 사람들이 끊이지 않듯, 우리는 시험만이 불평등하고 불공정한 이 사회에서 무엇보다 공정하고 떳떳하게 회심의 역전승을 일궈낼 열쇠라고 믿는다.

학생부종합전형은 대입전형이 학생들의 다양성을 존중하지 않고 선택권을 배제하는 문제를 안고 도입된 정책이 아니었던가. 왜 학종과 수능을 두고 저울질하며 정치색을 입혀서는 큰 산불로 키워나가는 것일까. 왜 그 취지가 무색하게 학생들에게 모든 것을 준비해야 하는 수능-내신-논술이라는 죽음의 트라이앵글이 부활했다고, 꼭 어린아이에게 망태 할아버지가 나타난다고 겁을 주듯이 어려운 분위기를 만들어가고 있는지 모르겠다.

이 와중에 제일 고단한 것은 바로 고3 수험생이다. "아니 그럼 난 어떻게 해야 하냐고. 이것도 하라고 하고 저것도 하라고 하고, 심지어 잘하라고 하니……. 난 이제 열아홉 살일 뿐인데 왜 다 잘해야 한다고 하느냐고!" 수험생들은 막막한 현실에 울부짖거나 기성세대의 한계를 비판하며, 입시를 앞둔 서로에게 전우애를 발동해가며 조용히 위로할 뿐이다.

사실 교육부와 대학은 학생에게 다양한 선택권을 주기 위해 대입전형의 유형을 분류했다. 교과 학습활동이 잘 이루어지는 학생들이 지원할 수 있는 학생부교과전형, 학교생활 내에서 주어지는 교육 환경을 잘 활용하고 전반적인 학습 및 탐구활동에 우수한 학생들이 지원할 수 있는 학생부종합전형, 논리적인 사고력이 우수한 학생들이 지원할 수 있는 논술전형, 예체능 등 특정 분야의 역량을 평가받을 수 있는 실기위주전형, 국가에서 주관하는 표준화된 시험에 우수성을 보이는 수능위주전형. 크게는 이렇게 분류하여 나름 대입전형에서 소외되는 학생들이 없도록, 사각지대가 발생하지 않도록 설계한 것이다.

대학에서는 이 모든 것을 잘하는 학생을 찾는 것이 아니다. 각자의 사정이 있듯 각자의 능력과 여건에 맞추어 선택할 수 있는 전형을 적절히 선택하기를 바라는 것이다.

그렇지만 우리에겐 플랜 A가 없으면 플랜 B가 있어야 하고, 혹시 모를 상황에 대비하여 플랜 Z까지 만드는 민족성이 있지 않은가. 인생의 벼랑 끝에 내몰리는 것 같다고 절규하는 고3 학생들은 불안 요소를 최소화하기 위해 결국 이것저것에 모두 기웃거리게 된다.

정답만을 찾는 시험이 가지는 한계를 수없이 이야기해왔다. 학교 현장에서 선다형 시험과 서술형 시험 그리고 수행평가를 도입한 것도 해당 발달기에 필요한 지식을 학습하였는가를 측정하는 것 외에 개인의 다중지능이 어떻게 발현되고 있는가를 평가하기 위함이다.

어쩌면 모든 것을 자격화하고 모든 것을 시험이라는 제도로 치환한 한국에서는 학문을 위한 학문이 아닌 시험을 위한 공부와 학습 그리고 교육이 되어버린 것도 같다. 그렇게 시험이라는 제도에 염증을 느끼고 도입한, 학생의 다면평가를 위한 학생부종합전형은 몸살을 앓고 있다. 이 다면평가에서도 정답을 찾듯이 선행학습, 일타강의, 고액 과외, 학교생활기록부 조작, 시험지 유출이라는 너무나 부끄럽기 짝이 없는 문제들이 폭죽 놀이하듯 팡팡 터진다.

대한민국 정서에 적합한 공정하고 신뢰성 있고 모두에게 평등한 제도는 결국 시험일까. 1등부터 500,000등까지 한 줄로 줄을 세우는 게 제일 공정한 것일까. 분명한 사실은 학생부종합전형은 수능위주전형의 도피처가 아니라는 것이다.

대입제도는 고등학교 교육 현장에 절대적인 영향을 미친다. 지금 교육 과정의 방향은 학생들이 과목을 선택하고 진로를 스스로 탐색할 수 있도록 설계되었지만, 학생과 학부모가 관심을 두고 있는 대목은 '진로 선택과목의 이수와 평가 결과가 어떻게 입시에 반영되는가?' '수능에서 어떤 과목을 선택하도록 대학이 지정하고 있는가?'일 뿐이다. 아이러니하게도 애초의 취지가 무색하게 모든 것이 결국 대입으로 귀결된다.

대입제도에 무엇이 어떻게 반영되는가에 따라 학생과 학부모, 교사 그리고 사교육기관까지 움직인다. 우리는 서로 이 상황이 잘못되었다는 것을 알고 있다. 그렇지만 누구 하나 쉽사리 손쓰기 어려운 지경에 이르렀다. 결국 대입제도의 개혁만으로는 바뀔 수 없다. 대입제도는 공교육을 정상화하겠다는 원대한 목표를 이루는 만능키가 될 수 없다.

이쯤 되면 교육문제인지 사회문제인지, 사회문제를 교육문제로 조명하고 있는 것은 아닌지, 정치문제를 교육문제로 둔갑시키고 있는 것은 아닌지 의심해봐야 할 듯하다.

언젠가 모 기업 장학재단의 사업 취지에 관한 설명을 들을 기회가 있었다. 대학 장학금과 비교하여 초·중·고 학생들에게 지원하는 장학금이 부족하다는 점, 기본적인 생활을 하는 데조

차 어려움이 있는 학생들이 많다는 점을 고려하여 장학금 지원 사업을 운영하고 있다고 했다. 무엇보다 많은 곳에서 기준으로 하는 학업적 수월성이 아니라, 학생 스스로 자신을 일구어나갈 힘을 기르게 하려고 이 장학사업을 시작했고, 이것이 바로 자신들이 생각하는 민간 장학재단의 역할이라고 말했다.

이야기를 듣고 돌아오는 길에 생각했다. 우리는 모두 각자 해야 하는 역할을 잘 찾아서 하고 있는가. 대학의 역할은 무엇이고, 고등학교의 역할은 무엇인가. 학생의 역할은 무엇이고, 교사의 역할은 무엇이며, 부모의 역할은 무엇인가. 비정상이라고 말하는 상황에서 정상이 되기 위해 어디서부터 중심을 잡아야 하는 것일까.

학교는 학생이 믿고 의지할 수 있는 시스템이 되어야 한다. 시험을 위한 학습은 효율성이 중요하다. 학교가 시험 준비기관의 역할을 자처하면 사교육기관과 다를 바 없다. 학교는 학생들에게 스스로 생각하고 판단할 능력을 길러주는 곳이어야 한다.

모든 것이 자동화되고 정보 산출 속도가 인간보다 빠른 기계가 만연한 사회에서 대학의 기능과 의미가 사라져가고 있다며 대학 무용론을 제기하는 사람들도 있다. 하지만 대학은 교수-학생-지식이라는 훌륭한 자원이 모여 토론하며, 정답이 없는 문제에서 최선의 답을 찾을 수 있는, 인간만이 가능한 영역에서의 고유한 역할이 있다. 바로 그 고유함이 대학이 할 수 있는 일 아닐까.

교사가 양질의 수업을 할 수 있고, 학생에게 실패하더라도 일어설 수 있다는 믿음을 주는 안전지대로서 학교라는 울타리가 자리 잡혀야 한다. 초기의 교육은 지식 습득을 위주로 했지만 우리는 경제성장과 함께 교육수준이 소득수준에 영향을 주던 시대를 이미 지나왔다.

너무 많은 것이 빠르게 변하는 시대에 비하여 상대적으로 교육의 내용과 방법은 아직 그 속도를 따라가지 못하고 있는 것은 아닐까. 이제는 대학을 포함한 모든 교육기관의 역할이 바뀌어야 할 차례다. 안타깝게도 모두가 알고 있으면서도 누구 하나 먼저 나서서 바꿔나가기 참 어려운 일이다. 어쩌면 바꾸고 싶은 사람들을 가로막고 있는 보이지 않는 벽이 아직은 너무 단단한 것인지도 모른다.

겨울 그리고 다시 봄

○ ○ ○

PART 6

학교 매점에서 김이 모락모락 나는 호빵을 판매하기 시작한다.

봄, 여름, 가을이 지나고 겨울이 되면 학생들은 너도나도 학교나 학과의

점퍼(일명 과잠)를 입기 시작한다. 학교에 대한 애교심이나

소속감 같은 것에 의미를 두는 학생들도 있지만, 대충 하나 걸치면

그만이면서 이만큼 편하고 따뜻한 옷이 없어서이기도 하다.

기말고사가 끝나면 계절학기를 수강하는 학생들이 있기도 하지만,

졸업식과 입학식이라는 큰 행사가 열리기까지 학교는 어딘지 모르게 휑하다.

겨울이 왔다는 것은 한 해 대입의 일정이 거의 끝나가고 있다는 사실을

의미한다. 이즈음 입학처의 겨울은 모든 체력을 거의 끝까지 끌어다 쓴

상태로 체력적인 보릿고개를 넘기는 중이다. 입학처에서 일을 하다 보면

하루도 일주일도 정신없이 지나간다. 어서 봄이 오기를 기다리는 마음이다.

미래로 향하는 발걸음들에게

고등학생들이나 대학생들과 많은 시간을 보내는 직업은 아니지만, 가을에서 겨울이 되도록 고등학생들의 자기소개서와 학교생활기록부를 읽고 있노라면 이따금 나 자신을 투영하게 된다. '나는 이 나이에 이런 생각을 했었나?' 하고 말이다. 내 고등학교 시절과 비교하면서 부러워했다가, 어린 학생들이 대단하다고 느껴지는 점도 한둘이 아니다.

　학업적 수월성이란 것이 우수하다 못하여 영특한 학생들의 서류를 볼 때면, 이렇게 어린 나이에 감당하기 어려운 일들을 잘 견디며 학교생활을 하는 학생들의 서류를 볼 때면, 모두가 원하는 공교육 정상화처럼 학교라는 곳을 놀이터 삼듯 학교 안에서 자신을 잘 빚어나가는 학생들의 서류를 볼 때면, 이렇게 보석 같은 학생이 있을까 싶은 생각이 들기도 한다.

또 가끔은 '내가 이 학생들과 경쟁하지 않아도 되어서 그나마 다행인 것일까?'라며 위안하고, 어느새 이 학생들이 사회의 구성원이 되어 함께 일하는 사회가 왔을 때 '내가 이 학생들과 비교해 나이와 경력 이외에 자부할 수 있는 것이 얼마나 될까?' 하는 아주 현실적인 생각마저 든다.

고등학생의 수준이라고 정의할 수 있는 기준선이 바뀌고 평균의 의미가 점점 퇴색하는 지금의 모습에는 기성세대가 받아들이기 어려운 부분이 꽤 많다. 서로 다른 세대가 겪은 문화적 차이에서 오는 갈등이 아닌, 나이와 상관없이 생각이 뻗어나가는 방식부터 달라졌다. 지적 호기심이란 것은 분야별로 편차가 아주 크거니와, 지난 세대와는 완전히 다른 양태를 보이는 경우가 많다. 개성이 강한 집단의 특성은 그저 사춘기의 발달 단계에서 드러나는 특징이 아니라 어쩌면 변화하고 있는 이 시대의 단면인 것이다.

입학사정관은 학생들의 생각을 이해하고 행동의 결과를 역량으로 판단해야 하기에, 새로운 것을 수용하는 태도와 방법을 익히기 위해 늘 노력한다. 우리가 이미 알고 있는 것들이라도

'불변의 진리'는 존재하지 않는다. 이미 우리가 경험했듯, 지식은 더 나은 지식으로 대체될 수 있다.

동시대를 살아가지만 미래를 만들어갈 학생들을 바라볼 때는 암기된 지식을 얼마나 알고 있느냐보다는 새로 생겨날지 예측하기도 어려운 문제를 해결할 태도를 갖추고 있는지를 살펴야 한다. 그러기 위해서는 다양한 분야에 호기심을 가지고 비판적으로 사고하려는 노력이 필요하다.

알아야 할 것도 노력해야 하는 것도 많지만, 제각기 다르게 빛나는 멋진 학생들을 매년 서류로 만날 수 있다는 것에 이 직업이 가지는 또 다른 의미를 두어본다.

평가라는 제도 안에서 직접 실무를 하고 있음에도, 사실 나는 평가라는 것은 한계가 있다고 생각한다. 인간이 하는 일이 그렇듯 단 한 번의 시험으로 한 인간을 평가할 수는 없는 노릇이고, 여러 서류를 바탕으로 종합해서 파악하고자 노력하지만 그것이 완전하기는 어렵다고 믿는 까닭이다.

무엇보다 삶은 우연적 경험이든 선택적 경험이든 이를 통해 성장하기도 변화하기도 한다. 삶의 어느 지점에서 만나느냐에 따라 똑같은 사람이라도 완전히 다른 면모와 능력을 보일 수밖에 없다.

다만 입학사정관은 대입의 시점에 있는 고등학생이 대학에서 요구하는 역량을 갖추고 있는지를 '평가'라고 일컫는 과정을 통하여 확인한다. 몇 점짜리라고 채점하는 것이 아니라, 각 대학의 인 그룹이 되는 데 대한 타당성과 적절성을 가늠하는 것이다. 계산기를 두드리는 일이 아니기에 대입의 평가와 선발은 생각보다 큰 무게를 가진다.

그런데 많은 일이 그러하듯 대입의 평가라는 것도 결국 사람이 하는 일의 영역이기 때문에 또 어느 순간 익숙해진다. 다년간의 경험과 연구와 훈련을 통하여 전문성이 갖춰지는 것과 별개로, 그저 익숙한 것에 그치는 순간이 올 때가 있다. 어쩌면 입학사정관이 구태의연한 사고방식을 갖지 않고, 익숙해지려는 마음가짐을 스스로 경계해야 하는 이유가 여기 있는지도 모르겠다.

입학사정관은 평가의 권리를 가지고 있는 것이 아니다. 평가자인 입학사정관의 노력과 시간은 미덕이 아니라 어쩌면 의무인지도 모른다. 때로는 효율적인 일처리가 중요하지만, 한국 사회에서 삶의 주춧돌처럼 여겨지는 대입을 다루고 있음을 유념하고, 객관적이고도 냉철하게 판단해야 한다. 삶의 방향에 영향을 준다는 데서 오는 책임감을 무겁게 받아들여야 하는 이유로서 수없이 강조해도 부족함이 없다.

때로는 입학처로 졸업생들이 찾아온다. 매일같이 모든 것을 나눈 동기도, 전공에 관한 진로 탐색을 같이 한 선배도, 가르침을 베푼 지도교수도 아니지만, 졸업한다고 찾아온 이 학생들의 모습에 주책없이 마음이 또 울컥해진다.

모두가 학사모를 쓰고 있지만, 이 학사모를 벗고 향하는 곳은 모두 다르다. 이미 취업한 학생도 있고, 대학원에 진학하는 학생도 있고, 아직 소식을 기다리는 학생도 있다. 졸업하는 순간 어딘가에 적을 두고 아니고는 사실 중요하지 않은데, 아마 이 친구들은 무언가 되는 것에 목표를 두고 조급한 마음이 들 수도 있다. 어쩌면 주변의 어른들이 그 조급한 마음을 더 부추기는지도 모른다.

대학에서의 시간이 어땠을까. 어쩌면 이 친구들 스스로도 기억이 흐릿해진 스무 살의 설렘을 가지고 들어선 대학의 문에서 이제 돌아 나서는 그 기분은 또 어떠할까. 대학에서의 시간보다 오히려 앞으로 더 많은 것을 고민할 수도, 더 많이 흔들릴 수도 있다는 것을 그때는 온전히 받아들이기 어려울지도 모른다. 학생이 되는 법조차 시험을 통해 배웠고, 스스로 선택하기보다는 무언가에 이끌려 어쩌다 보니 학생이 되었다. 대학에서 주어지는 시간을 누군가는 무언가를 좇으며 채워나가고 누군가는 꾸역꾸역 살아내기도 한다.

그저 이 친구들에게 바라는 바가 있다면, 가끔 텅 빈 것처럼 느껴지는 시간이 찾아오더라도 결코 내일을 두려워하지 말고 어느 곳을 향하든 자신의 걸음을 뚜벅뚜벅 잘 걸어나가라는 것, 오직 그뿐이다.

또다시 신입생을 맞이하며

졸업식 뒤에는 곧 신입생 오리엔테이션이 이어진다. 관광버스 여러 대가 학교 정문으로 들어온다. 큰 사고 없이 다녀오기를 바라는 마음으로 학과 교수와 관련 부서는 또 정신없는 나날을 보낸다. 그리고 곧 캠퍼스는 신입생들로 가득 찬다.

입학사정관제 전형으로 소수의 학생들이 입학하던 시절에는 모집 인원이 적었기에 해당 학생들의 커뮤니티가 꾸려지기도 했다. 커뮤니티는 서로의 대학 생활을 공유하고 이끌어주는 역할을 하는데, 입학처 또한 실제 대입전형의 유효성과 효과성을 분석하기 위한 연구에 많은 도움을 받았다.

지금은 수시모집의 많은 학생이 학생부위주전형, 즉 서류 평가가 진행되는 전형으로 입학하게 되면서, 기존의 커뮤니티는 더 이상 의미를 갖기 어려워졌다. 입학처에서는 학내 행사 프로그램이나 대입전형 연구 프로젝트를 통한 신입생과 재학생의 만남만 겨우 이어지는 형편이다.

이렇게 입학한 학생들을 만나는 일에는 또 다른 설렘이 있다. 입학사정관의 선택이 틀리지 않았기를 바라는 마음으로 이 학생들이 학교생활을 잘해나가고 있는 것을 확인하고 싶었다. 한편으로는 앞으로 있을 선택의 오차 범위를 줄이기 위해 이 학생들이 가지고 있는 어려움이나 문제점을 파악하고, 혹시 내가 놓치고 있는 것이 없는지 확인하고 싶었다. 또 한편으로는 학생들은 모르고 있었겠지만, 이 학생들을 통하여 대입이라는 제도가 나아갈 방향의 답을 찾고 싶었다. 시간이 지날수록 이 친구들이 자기 삶의 방향을 찾아나가는 모습을 지켜보는 것 역시 흥미로운 일이다.

면접장에서 만나는 수험생들은 아직 열아홉인 학생의 모습이 역력한 긴장된 표정과 말투로 각자 준비한 면접에 임한다. 해를 거듭할수록 꽤 많이 훈련하고 연습한 모습이 엿보인다. 그렇지만 문답이 이어지다 보면 학생 입장에서는 예상하지 못한 순간이 오기도 한다. 금세 중심을 잡는 학생들도 있지만, 이내

총기를 잃고 흐리멍덩해지는 학생들도 있다.

면접장에 면접위원으로 앉아 있을 때면 나는 수험생들에게 마지막으로 하고 싶은 말을 짧게 해볼 수 있는 시간을 주곤 했다. 어쨌든 대입을 위한 면접이라는 꽤 의미 있는 이 자리에서 학생이 그동안 준비하며 보냈을 많은 시간과 거기 들인 노력을 잘 정리해보기를 바라는 마음이었다. 준비했지만 미처 하지 못한 말이나 하고 싶은 말을 할 수 있는 마지막 시간. 그때마다 수많은 학생들로부터 아주 다양한 이야기를 들었다. 그때의 학생들은 학교 안에 있기도 하고 학교 밖에 있기도 하다.

가능하다면 그때 면접장에서 마지막으로 본인들이 이야기했던 것처럼 대학의 시간을 잘 보내고 있는지, 어느새 사회에 있는 친구들은 그 시간들이 어땠는지, 우리 대학이 아닌 다른 곳에 있는 친구들은 또 어땠는지 이야기를 나눠보고 싶은 마음이다. 물론 현실적으로 매우 어려운 일이지만.

어쩌면 입학사정관은 참 많은 누군가의 성장을 그리고 미래가 있는 인생을 바라보기도 하고 함께하기도 한다. 봄부터 겨울까지 만나는 수많은 사람과 그 사람을 담은 이야기들을 마주하며 미래를 기대해볼 수 있는 이 일은, 때로는 힘들고 막막하지만 그만큼 보람 있고 멋진 일이 아닐까 생각해본다.

지난겨울을 톺아보고 맞이하는 봄

절기상 입춘도 지났지만 한겨울 한파와 다를 바 없이 꽃샘추위가 느껴지는 3월 초가 되면 꽁꽁 얼어 있던 학교가 유난스레 활기차다. 2학기가 시작되는 9월보다 더 생동감 있는 것은 아마도 1학년 신입생들이 삼삼오오 혹은 새내기를 챙기는 선배들과 함께 캠퍼스를 오밀조밀 몰려다니기 때문일지도 모르겠다. 점심시간이면 교내 식당은 물론 학교 인근 식당에도 사람이 꽉꽉 차고, 카페는 말할 것도 없다. 조금 과장을 보탠다면, 다 커버린 어른만 있는 집 안에 아이의 울음소리와 웃음소리가 울려 퍼져서 온 식구가 밝아지는 느낌이랄까.

그렇지만 그런 기운과 상관없이 입학처 사무실은 아직 겨울이다. 해가 갈수록 여름이면 더 더워지고 겨울이면 더 추워지는 이유가 무엇인지 도대체 모르겠다. 그런 캠퍼스에서 봄옷으로 한껏 멋을 낸 이들은 신입생뿐이다. 교복을 벗고 나름 성인이 되었다는 기쁨과 대학생이 되었다는 으쓱함이 어디엔가 묻어난다. 예전보다 서툰 어른 흉내 내기가 없어진 것도 같지만 새롭고 낯선 곳에서 적응해나가야 한다는 묘한 긴장감은 감출 수가 없다.

학교는 한 해를 3월부터 시작하고 2월에 마무리한다. 분주해지는 3월의 대학 내에서 입학처는 신입생들의 합격자 발표와 등록을 마치고 개강을 하게 되는 이 시기에 그나마 가장 여유를 가질 수 있다. 이쯤 되면 남들은 연말에 하는 것들을 한다. 지난 한 해에 해왔던 여러 사업을 정리하고 각 정부 부처나 관계 기관에 각종 보고서와 자료를 제출해야 한다. 고등교육통계조사도 정리하여 제출하고, 대학정보공시 자료도 마무리해야 하는 때이다.

사실 대학들은 봄에 발표하는 대입전형 안내자료에 생각보다 많은 에너지를 쏟는다. 대학과 학과(전공)별로 학생들에게 전달해야 하는 주요 내용을 선별하고, 전형별 특징에 따라서 유의해야 하는 사항, 수험생에게 도움을 줄 수 있는 자료를 가장 효과적이고 친절하게 전할 방법을 총동원한다. 책자도 만들고, 동영상도 만들고, 설명회 자료도 새롭게 만든다. 겨우내 기획하고 다듬었던 책자와 영상 등이 제작 막바지에 다다른다.

입학처는 숨 가쁘게 돌아간다. 4월 말까지는 고등학교 2학년 학생들에게 해당하는 대학입학전형 시행계획을 발표해야 하고, 5월 초가 되면 고등학교 3학년 학생들에게 해당하는 수시모집 요강을 발표해야 한다. 두 자료 역시 한 번 발표하면 수정하기 어렵고, 한 학년도의 대입을 운영하는 대학 내 기본서가 되기 때문에, 최종 자료를 만들기까지 자료 분석, 회의 그리고 회의 또 회의, 수정 그리고 수정 또 수정, 확인 그리고 확인 또 확인 절차를 거친다. 파일명이 '최최최최최최최종_진짜최종_끝_완성'이라고 될 때까지(실제로 파일명을 이렇게 쓰지는 않지만) 꼼꼼한 수정과 확인이 요구되는 입학처의 중요한 일 중 하나이다.

모집 인원의 숫자 하나가 잘못 표기되기라도 하면 입학처 홈페이지에 게시된 파일의 수정 공지를 시작으로, 입학처 직원 모두가 나란히 앉아서 그해 발간된 모든 책자에 수정 스티커를 붙이고 있어야 한다. 이뿐만 아니라 한국대학교육협의회에 내용 수정 요청을 위한 공문과 각종 사유를 첨부해야 한다. 이미 배포된 자료가 있다면……, 수정 공지를 한 것과 상관없이 질타의 대상이 된다. 그만큼 입학처에서 매우 중요한 일 중 하나이다.

　그리고 언제까지 하게 될지 모를 대입전형 선행학습 영향평가 결과 제출과 발표가 있다. 공교육 정상화 촉진 및 선행교육 규제에 관한 특별법 제10조에 따라 대입전형 중 대학에서 자체적으로 진행하는 대학별 시험에 관한 운영과 그 결과를 분석해야 한다. 이것은 쉽게 말해 면접시험이나 논술시험의 제시문과 문제 등이 고등학교 교육 과정의 범위와 수준을 벗어나 대학 수준의 것을 요구하면 사교육을 유발하게 되므로, 공교육의 범위를 벗어나는 것을 방지하고 금지하기 위한 법령이다.

　대학은 이 법령을 기반으로 3월 31일까지 이전 학년도에서 진행한 대학별 시험에 관하여 선행학습 요인이 있었는지 분석한 뒤 그 결과를 관련 기관에 제출하고 대학 입학처 웹사이트에 발표한다. 예전에는 시험의 모든 자료가 구전으로 기록되고 족보라는 이름으로 남겨졌기에 구⁂해야 하는 자료였지만 지금은 원하면 언제 어디서든 찾아볼 수 있는 접근성 좋은 자료가 된 셈이다.

흔들리는 수험생들에게

입학처는 봄부터 씨앗 뿌리듯 여러 대입 정책과 전형 관련 자료를 발표하기 바쁘다. 고등학생이 되어서 대입에 대한 막연한 두려움과 호기심을 가지고 정보를 얻고자 입학처에 전화를 하면 정확한 내용을 전달받기 어렵다. 그 이유는 '대입 4년 예고제', 즉 대입을 미리 준비하기 위한 수험생의 입장을 고려해서 대입에 관한 사항을 사전 공지한다는 내용에 관한 법령이 있기 때문이다(책 뒤쪽의 관계 법령 참고).

한 학년도의 대입에 관한 정책은 이렇게 세워진다. 제일 처음 교육부의 정책이 공개되고, 그다음 한국대학교육협의회에서 기본사항을 정한다. 그 후에 대학별로 전형계획을 발표하게 된다. 중요한 점은 이렇게 발표하는 과정에 4년 정도의 시간이 소요된다는 것이다. 4년 안에 대학 임의로 아무 때나 하는 것이 아니고, 정해진 시기에 맞추어 해당 내용을 발표해야 한다.

우선, 학생이 중학교 3학년이 되기 전 2월에 교육부가 대입 정책을 발표한다. 대입전형의 틀을 학생부종합, 학생부교과, 수능 등으로 구분하는 대입전형 간소화 정책, 대학수학능력시험 개편 방안 등이 이 시기에 발표하는 주요 내용이다.

그리고 학생이 고등학교 1학년 여름방학을 맞는 시기인 8월에 한국대학교육협의회가 교육부의 대입 정책에 따른 대학입학전형 기본사항을 발표한다. 대입전형의 원칙과 기본사항, 대입전형 일정(원서 접수 기간, 합격자 발표 기간, 등록 기간 등), 전형 분류(학생부종합, 학생부교과, 논술, 수능, 실기 등), 대학입학전형 요소(학교생활기록부, 대학수학능력시험, 대학별 시험 등), 전형별 지원 자격, 정원 외 전형 선발 비율 등을 이 시기에 발표한다.

그다음으로 학생이 고등학교 2학년 학기를 시작하는 4월 말에 각 대학은 한국대학교육협의회의 대학입학전형 기본사항에 따른 대학입학전형 시행계획을 발표한다. 대학입학전형 시행계획은 모집 전형에 따라서 모집 단위별 모집 인원, 전형별 지원 자격, 수능 필수 응시영역, 수능최저학력기준, 전형 요소 및 반영 비율, 수능 영역별 반영 비율, 학생부 반영 교과와 반영 방법 등에 관한 사항을 포함한다.

그리고 최종적으로 학생이 고등학교 3학년이 되는 5월 초에 해당 학년도의 수시모집 요강이, 9월 초에 정시모집 요강이 발표된다. 이 모집 요강은 전형에 대한 모든 것이 구체적으로 담긴 자료다. 제일 정확한 것은 고등학교 3학년 때 발표되는 대학별 모집 요강이다. 이때 발표되는 자료가 전형 운영에 대한 확정 내용이고, 해당 학년도의 전형에 관한 대부분의 것을 담고 있다고 봐도 무방하다.

결론적으로 수험 생활을 앞둔 학생이 대입을 준비하는 데 혼란을 일으킬 만한 급격한 변경 사항은 없다고 볼 수 있다. 그래서 학생들이 고등학교 2학년 때 대학에서 발표하는 대학입학전형 시행계획을 확인하는 것으로도 충분히 본인이 지원할 만한 전형을 찾아볼 수 있고, 그 전형의 특징과 같은 주요 사항을 파악할 수 있는 것이다. 굳이 고등학교 3학년 때 발표되는 모집 요강을 넋 놓고 기다릴 필요가 없다는 말이다.

초등학교 때 방학이 되면 '탐구생활'이라는 과제를 해야 했다. 학교에서 배부하는 가정용 학습지였는데, 겨울에 내린 눈의 결정을 돋보기로 관찰하여 그린다거나, 볼록렌즈를 검은색 색종이에 갖다 대면 불이 붙는지 알아본다거나, 뭐 이런 다양한 실험이나 체험이 주였다. 그중 흰 종이에 설탕물로 편지를 써서 친구와 바꿔 읽는 과제가 있었다. 그냥 보아서는 아무런 글씨가 쓰여 있지 않은데, 엄마의 도움을 받아 가스레인지에 종이를 그을리면 글씨가 나타났다. 마술과도 같았던 실험이었다.

꼭 이와 같은 것이 대학의 전형별 선발 비율이다. 사실 교육부나 한국대학교육협의회에서 법령 또는 공문으로 지정하는 선발 비율(고등교육을 받을 기회를 균등하게 제공할 목적으로 소득과 지역 등의 차이를 고려해서 선발할 필요가 있는 경우에 한하여 정원 외 인원을 추가로 선발하는 비율의 기준이 있는 전형 제외)은 없다. 그렇지만 대학이 자율적으로 정하는 대입전형 선발 비율은 대학이 참여하는 각종 국고 사업의 자격 기준 혹은 감점 요인이 된다. 결국 권장인지 권유인지 모를 묘한 고기압 기류에 섞여 대학에 전달되므로 자율인지 타율인지 도통 알 수가 없다.

2019년부터 2020년까지 발표된 언론 보도 내용을 통해서도 교육부의 정책 방향이 결국 대학의 전형계획에 지대한 영향을 주고 있다는 것을 알 수 있다. 대학에서 발표하는 내용이 수험생으로서는 매우 당혹스러울 테지만, 대학 역시 당혹스럽고 난처하기는 매한가지다.

그렇다 할지라도 내가 고3이 되고 보니 갑자기 이 전형이 없어졌다고? 갑자기 수능최저학력기준이 적용된다고? 갑자기 교과 성적이 반영된다고? 뭐 이렇게 혀를 내두를 변화는 사실상 거의 없다. 이런 변화는 대부분 고등학교 2학년 8월에 대학별로 발표하는 대학입학전형 시행계획을 통해 파악할 수 있고, 사전에 충분히 대비할 수 있다.

'지금 대입은 ○○이 중요하다'라는 자극적인 보도가 연일 쏟아지고 있지만, 비율 증감에 예민하게 반응할 필요는 없다. 무엇보다 전형의 성격이 학생이 지닌 강점과 부합하는지를 먼저 파악하고 대입을 준비하는 게 훨씬 중요하다는 점을 기억해야 한다.

불안하면 더 크게 들리는 이야기들, 조급하면 더 믿고 의지하고 싶은 이야기들, "이게 좋다더라!" "이렇게 해서 합격했다던데……"와 같은 다른 사람의 이야기는 내가 아닌 남의 이야기일 뿐이다. 아무리 강조해도 부족하지 않은 사실은, 출처도 불분명하고 논리적이지도 않은 항간의 '카더라' 소식이 수험생에게 도움이 되는 경우를 거의 보지 못했다는 것이다.

교육부에서 '미래 교육 10대 정책과제'를 발표하며, 2028학년도 대학 입시제도 개편안을 언급했다.[21] 현재 교육 과정이 변화하면서 학교 현장의 수업 평가가 달라지고 있기에 어쩌면 이는 당연한 수순이다. 교육 현장과 미래 교육의 방향에 부합하는 적절한 정책이 발표되는지는 지켜봐야 할 문제이지만.

국가대표 선수촌에 가면 다양한 종목의 운동선수들이 모여 개별 종목에 관한 여러 가지 훈련을 한다. 종목마다 운동에 필요한 환경과 규칙이 다름에도 불구하고, 모든 선수가 동일하게 하루도 거르지 않고 하는 것은 기초체력 훈련이다.

대입에서 유리한 위치를 점하기 위해 발표되는 정책을 요리조리 살피고 깎아내는 것보다는, 주어진 환경에서 학교생활을 성실하고 적극적으로 해나가는 것이 기본 역량을 배양하는 가장 중요한 첫걸음이라는 사실을 잊지 말았으면 한다.

오늘보다 내일이 더 빛날 수 있기를

"인재상을 알려주세요!"

국어사전에 따르면 '인재상'은 특정 조직에 어울리는 인재의 모습을 뜻한다. 그렇다면 '인재'는 무슨 뜻일까? 어떤 일을 할 수 있는 학식이나 능력을 갖춘 사람을 말한다.

회사는 조직의 목표, 기업문화 그리고 인재상을 제시한다. 회사에서는 이런 목표를 가지고 이런 문화 안에서 함께 일을 하기 위해 이러저러한 능력이 요구되는 사람이 필요하다고 공지한다. 많은 구직자는 인재상을 기준 삼아 이곳이 내가 일하고 싶은 조직인지, 내가 이 조직에서 일할 수 있는 역량을 갖추었는지 점검한다.

회사에 취업하는 것과 대학에 입학하는 것은 분명히 다른데, 정해진 인원을 선발한다는 측면에서 대학에도 인재상이 요구된다. 대학이 인재상을 제시하기 시작한 것은 대입전형이 표준화된 시험에서 벗어나 서류 평가를 포함하는 전형이 생기면서부터였다.

입학처에 있으면서 가장 많이 받은 질문 첫 번째는 "이 정도면 합격 가능할까요?", 두 번째는 "작년에 합격한 학생들 결과(교과 등급, 특징 등)는 공개 안 하나요?", 세 번째는 "이러이러한 상황인데 추가 합격이라도 가능할까요?"이다. 이 질문들을 종합해서 바꿔 말하면 '대학은 어떤 학생을 선발하고자 하는가?'로 추려볼 수 있다.

'어떤 학생을 선발하고자 하는가?'는 평가 방향의 기저가 된다. 그러다 보니 자연스럽게 학생, 학부모, 교사는 대학의 인재상으로 학생의 합격 가능성을 예측해보고 싶어 한다. 어쩌면 합격을 위해 이 인재상에 맞춘 준비를 하고 싶은지도 모르겠다. 어쨌든 학생, 학부모, 교사가 알고 싶은 것은 기준의 명확성과 결과의 예측 가능성일 것이다. 이에 대한 궁금증이 해결되지 않으니 다양한 방식을 동원해 가시적으로 드러나는 것들에 집중하며 결과를 추측하고 단정 짓는 것이다.

여러 기대와 요구에 힘입어 대학은 전형별로 혹은 모집 단위 (모집 전공)별로 인재상을 제시하고 있다. 그 덕분에 학생들은 인재상 중에 '리더십'이라는 문구가 있으면 학급 임원이나 전교 회장을 하려고 애쓰고, '기계공학과'에 진학하고 싶은 학생들은 자동차 동아리나 로봇 동아리에 참여하지 않으면 안 될 것 같은 불안감을 가지고 있다. 단순히 문구에 연결된 직접적인 활동에 참여하는 것만으로 인재상에 부합하는 학생이 되고자 하는 노력은 대부분 대학이 의도했던 모습이 아니다.

인재상을 설정하는 것에 개인적으로는 긍정적인 생각을 가지고 있지 않았다. 인재상을 설정하면 학생들이 그 틀에 자신을 맞추려고 하다가 억지스러운 일들이 발생하기 때문이다. 자신에게 주어진 환경보다 외부의 도움에 의존하려 하고, 이러한 조건이 만들어지지 않으면 출발선에도 서지 않으려 하는 모습을 나는 꽤 많이 보아왔다.

학교에서 경험하는 모든 것이 학생의 진로 방향에 영향을 준다. 진로에 대해 생각하지 못했더라도, 이미 본인의 진로에 대한 방향을 설정했다고 하더라도, 어떤 수업이나 학습 경험 혹은 아주 개인적인 동기가 진로를 만들기도 변화시키기도 한다. 어쩌면 대입을 준비하는 순간까지 자신의 진로 방향을 찾지 못하는 학생도 있을 것이다.

사실 어른이 된 뒤에도 나의 적성을 잘 알기란 쉬운 일이 아니다. 당연히 모든 학생이 고등학교 생활을 통하여 완전히 자신을 이해하고 미래를 선택하는 것은 쉬운 일이 아니며, 설령 방향을 정했더라도 어쩌면 새로운 것들이 더해져 또 다른 방향으로 나아갈 수 있다. 이런 과정은 무엇이 부족함을 의미하는 것이 아니라 지극히 자연스러운 현상일 뿐이다.

대학이 그리고 입학사정관이 열아홉 살의 학생에게 모든 것이 매끈하게 다듬어진 모습을 기대하지 않아야 하는 이유가 여기에 있지 않을까. 투박하더라도 자신의 걸음을 걸어나가는 학생들에게는 스스로 빛과 색을 만들어가는 힘이 있다.

입학사정관은 학생들이 뿜어내는 작은 빛과 색이 어떻게 변화하는지, 본인들이 어떻게 만들어가고 있는지를 읽고 싶어 한다. 그래서 고등학교 교육 현장의 소리에 귀 기울이고, 지금 학생들이 배우고 익히는 것뿐 아니라 생각하는 것에도 관심을 가지게 된다. 이 모든 것을 서류를 통해 읽어나갈 수 있도록 오랜 시간 연구하고, 오랜 시간 분석하고, 오랜 시간 공부한다. 그리고 그것을 평가라는 과정에 녹여내는 것이다.

　'어떤 학생을 선발해야 하는가?'라는 고민은 모든 대입에서 여전히 논의되는 이야기이며, 앞으로도 계속 이어질 것이다. 어디서 출발해서 어디까지 왔는지보다는 어떤 과정을 겪고 어떤 생각을 하며 어떤 방법으로 걸어왔는지, 그 시간을 통해 학생이 길러낸 역량은 무엇인지, 더불어 기본적으로 우리 대학에 지원한 전공에서 학습을 충분히 이어갈 수 있는지, 우리 대학에서 제공하는 여러 가지를 잘 활용해 본인의 것으로 만들어갈 수 있는지, 우리 대학에서 훨씬 더 성장할 수 있는지를 가늠하는 기준은 흔들리지 않을 것이다.

　지금보다 내일을 기대할 수 있는, 우리 대학에서 더 빛을 낼 수 있는 열아홉 살. 어쩌면 당연한데 참 어려운 모습이다.

고맙습니다

한동안 〈굿피플〉이라는 예능 프로그램을 푹 빠져 보았다. 요즘 예능 프로그램은 대부분 연예인 준비를 하는 연습생들이 거치는 과정을 보여주는 까닭에 드라마 같은 극본과 캐릭터에 몰입하지 않으려 했는데, 로스쿨 재학생들의 로펌 인턴기를 다룬 이 프로그램은 손꼽아 일주일을 기다리게 했다.

학생을 선발하는 일을 하고 있다 보니, 인턴들이 매주 과제를 해나가며 순위를 정하고 마지막 면접을 거쳐서 최종 입사를 하는 시놉시스는 나에게 무척 매력적이었다. 어떤 역량을 살피려고 할까. 그 역량을 어떻게 평가하려고 할까. 인턴들이 과제를 해나가면서 보이는 태도들, 태도와 함께 성장해나가는 모습들, 본인조차 알지 못했던 본인의 모습을 알아가는 과정이 개인의 역량이라는 것에 관심을 두고 있는 나에게 참 흥미로웠다.

무엇보다 멘토 변호사들이 멘티들과 대화를 나누는 과정에서 어느덧 사회에서 일과 사람을 책임지게 된 지금의 나와 나의 동료들이 같이 나누었으면 하는 장면들이 많았기에 더 몰입했는지도 모르겠다. 지금은 그 자리를 내려놓고 멀리 떨어져 있지만, 그 자리에 있을 때 나는 나의 동료들에게 혹은 나의 후배들에게 해야 했던 역할에 충실했을까. 하고 싶었던 역할을 다 해냈을까.

한 번쯤 하고 싶었던 이야기를 쓰기로 마음먹은 것은 그리 오래되지 않았다. 퇴사하고 뒤도 돌아보지 않고 떠난 산티아고에서 나는 조금 단단해져서 돌아왔다. 그러나 단단함을 가지고 왔는데 이상하게도 조금씩 증발할 것 같은 느낌이 들었다. 아무래도 현실과 어느 선에서 타협해야 하는지 고민하면서 신념이 흔들릴까 봐 두려웠는지도 모르겠다. 그래서 산티아고에서의 시간과 나의 마음을 두서없이 책으로 엮었다. 독립출판이라는 좋은 방법을 빌려서 나의 이야기와 나의 마음가짐을 소리 내어 본 셈이다.

그때 나는 생각했다. 한 번쯤 나의 일, 아니 내가 했던 일에 관해서 이야기하면 어떨까. 그런데 사실 조금 두려웠다. 워낙 말 한마디에 온갖 매질을 당하기 쉬운 교육 이야기, 대학입시 이야기였으니까. '내가 해도 될까?' 싶다가도 차츰 '지금이니까 이야기해볼 수 있지 않겠어?'라는 생각이 굳어졌다. 그렇게 쓰기 시작했다.

입학사정관이라는 일을 어디서부터 어디까지 이야기해야 할지 개인적으로 참 많은 생각을 했다. 1년의 계절을 두고 입학사정관에 관해 다 이야기하기에는 어쩌면 이 글은 많이 부족할지 모른다. 그래서 전국 대학의 입학사정관 혹은 입학처 관계자들이 책의 내용에 모두 동의하기는 어려울 것이다. 대학마다 입장이 있고, 입학사정관으로서 각자 교육 혹은 대입에 대한 가치와 신념이 있을 테니 동의를 구할 문제는 아니라고 생각한다.

한편으로는 학교에 있는 교사, 학생 그리고 학부모에게 이 내용이 어떻게 받아들여질지 조금은 걱정이 앞선다. 늘 그렇듯 말과 글에는 해석의 여지가 있기에, 혹시 모를 오해가 열심히 일하고 있는 입학사정관들에게 독이 될까 싶은 것이다.

그동안 일을 하면서 좀 화가 났던 부분, 불편했던 부분이 다시금 떠올라 다소 격앙된 상태로 써 내려간 글도 있었던 것 같다. 생각보다 쭉쭉 써 내려갔다가 한꺼번에 지워버린 문장이 남아 있는 문장보다 훨씬 많다. 아무리 걷어냈어도 그 마음이 묻어난 문장이 꽤 있을지 모른다. 하지만 처음 이 글을 시작하려고 마음먹었던 순간을 돌이켜보니, 더는 문장을 걷어내지 않아야겠다고 마음먹게 되었다.

이 책은 지금의 대입 현실에 대해 옳고 그름을 이야기하고 싶어서 쓴 것이 아니다. 어떻게 보면 학술적으로 그리고 정책적으로 접근해야 하는 문제를 지극히 개인적인 입장에서 미시적으로 써 내려간 글이다. 더불어 입학사정관이 하는 일의 모든 것 그리고 그 깊이를 담았다고 자부하지는 못하겠다.

그저 이 책을 통해서 입학사정관이라고 불리는 사람들이 어떤 사람들이고, 어떤 환경에서 무슨 일을 하고 있고, 어떤 가치관을 갖고 있으며, 왜 그런 일을 해나가는지 아주 조금이나마 이해할 수 있게 되기를 바라는 마음이다.

무엇보다 여전히 대입이라는 전쟁터에서 대입의 방향과 선발을 위한 평가 그리고 교육을 고민하는 입학사정관이 있다는 것을 누군가는 알아주었으면 한다. 개인적으로는 그 노력이 헛되지 않기를 응원한다. 나아가 그 노력이 큰 힘이 되어 조금이나마 제도적으로 안정된 틀이 마련되기를 바란다. 그렇게 되면 이 일을 쉽게 말하는 사람들에게 조금은 목소리에 힘을 주고 이야기할 수 있게 되지 않을까. 교육이라는 것이 형식에 구애받지 않고 개인에게 밀접하게 닿아 있어서, 크고 작은 교육적 효과를 단기간에 측정하거나 예측하기는 어렵다. 그래서인지 많은 사람이 교육을 두고 한마디 하는 게 다른 어떤 분야의 일보다 어렵지 않다고 느끼는지도 모르겠다.

이 일을 하면서 열악한 학교 환경 속에서도 학생들에게 최대한의 것을 제공하고자 힘쓰는 교사를 참 많이 만났다. 시대착오적인 낡은 사고에 맞서서 학생들에게 더 나은 것을 알려주기 위한 자기계발도 아끼지 않는 교사에게 깊은 감명을 받은 적도 여러 번이었다. 어쩌면 아주 작은 바람에도 일렁이는 것들이 많기만 한 교육 현장에서 진정한 참교육을 하고 있는 교사들이 부디 그 중심을 잃지 않고 나아갈 수 있기를 바랄 뿐이다.

더불어 터무니없는 해괴한 소문에 휘둘리지 않고 학생이 스스로 생각하고 선택할 수 있는, 그리고 그것에 책임지는 모습을 볼 수 있다면 좋겠다. 또 학교라는 사회적 테두리 안에 있는 학생들이 자유롭게 도전하고 실패하고 다시 도전하고 성공하는 과정에서 의미를 찾을 수 있다면 더욱 좋겠다.

수험생의 시간이란 것은 너무나 힘든 인생의 고비와 같은데, 지나고 나면 금세 잊힌다. 다시 돌아오지 않을 그 시간을 조금 더 주체적인 충실함으로 채웠으면 하는 바람이다. 대학에 가기 위한 나, 누구의 기대를 저버리지 않기 위한 나, 아직 제대로 해보지도 않고 안 될 것 같다고 포기하는 나는 시간이 조금 지나면 아주 많이 부끄러운 내가 된다. 누가 알아주지 않아도 내 걸음으로 끝까지 가본다면, 스스로 최선을 다했다면, 언제 돌이켜보아도 혹은 무엇을 하더라도 후회나 아쉬움이 덜하게 마련이다. 실패했다는 사실이 주는 좌절감은 전체 삶을 놓고 돌아보았을 때 세상이 무너질 만한 정도의 무게는 아니다. 그러니 본인에게 부끄럽지 않은 시간을 당당히 보내기를 바랄 뿐이다.

학생들이 스스로를 지켜낼 수 있으려면 무엇보다 제일 먼저 부모가 조바심을 버려야 한다. 대입에서 가장 중요한 부모의 역할은 아이가 스스로 선택하고 그 과정에서 배울 수 있게 하는 것, 그리고 책임지는 법을 가르치는 것이 아닐까 생각해본다. 생텍쥐페리Antonie de Saint-Exupéry는 "배를 만들게 하고 싶다면 배 만드는 법을 가르치는 대신 무한한 바다에 대한 그리움을 갖게 하라"라고 말했다. 대입을 준비하는 것도, 대학에 가는 것도 모두 학생의 선택과 결과 그리고 책임이다.

그렇다면 '입학사정관의 시간'이라는 거창한 제목을 가지고 시작한 이 책에서 조금은 안도감을 느끼며 마침표를 찍을 수 있을 것 같다.

이제 이 일을 잠시가 될지 아니면 앞으로 요원할지 나 자신도 모른 채로 내려놓는다. 어느 날 문득 찾아온 것 같은 입학사정관으로서의 시간이 우연히 맞잡은 나의 삶이었듯, 또 다른 것에 호기심을 가지고 실패하더라도 회복할 수 있다는 믿음이 있기에 낯설지도 모르는 곳으로 발길을 돌려본다.

대입이라는 시간과 공간에서 만나 때로는 시답지 않은 이야기로 때로는 당장이라도 세상을 바꿀 듯한 무거운 이야기로 헛헛한 마음을 나누었던 나의 사람들, 그분들께는 꼭 한 번쯤 진심을 담아 인사를 드리고 싶다.

고맙습니다.

주·참고문헌

주

1 교육부, 한국교육개발원, 〈교육통계연보〉, 2020, p.232.

2 World Economic Forum, 〈The Future of Jobs Report〉, January, 2016, p.13.

3 교육부, 한국교육개발원, 〈교육통계연보〉, 2020, p.762.

4 교육부, 한국교육개발원, 〈교육통계연보〉, 2020, p.762.

5 백수현, 〈전국 4년제大, 대입전형 수 '2883개'〉, 《한국대학신문》, 2013.5.28.

6 교육부, 〈대입전형 간소화 및 대입제도 발전방안(시안) 발표〉, 2013.8.28.

7 교육부, 〈OECD 국제 학업성취도 비교 연구(PISA 2018) 결과 발표〉, 2019.12.4.

8 교육부, 〈2016학년도 정시부터 대입 원서 접수 바뀐다!〉, 2015.11.19.

9 교육부, 〈2017학년도 수시모집 공통원서 접수 시작!〉, 2015.11.19.

10 Noriko Arai(AI expert), 〈Can a robot pass a university entrance exam?〉, TED conference, 2017.4.

11 헌법재판소 2017.12.28. 2016헌마649.

12 교육부, 〈2021학년도 대학입학전형 기본사항〉, 2018.8.30.

13 교육부, 〈2022학년도 대학입학제도 개편방안 및 고교 교육 혁신방향 발표〉, 2018.8.17.

14 교육부, 〈2012 학교생활기록부 기재요령〉, 2012.3.8.

15 교육부, 〈교육부, 대입제도 공정성 강화 방안 발표〉, 2019.11.28.

16 한국대학교육협의회, 〈입학사정관제 지원서류 유사도 검증 가이드라인 발표〉, 2012.11.9.

17 교육부, 〈교육부, 대입제도 공정성 강화 방안 발표〉, 2019.11.28.

18 한국교육과정평가원, 〈대학수학능력시험 10년사 Ⅱ(ORM 2005-32-2)〉, p.164.

19 한국교육과정평가원, 〈대학수학능력시험 10년사 Ⅱ(ORM 2005-32-2)〉, p.178.

20 교육부, 〈처음으로 초중고특 신학기 온라인 개학 실시〉, 2020.3.31.

21 교육부, 〈코로나 이후 미래교육 10대 정책과제 시안〉, 2020.10.05.

참고자료

· 한국교육과정평가원, 〈대학수학능력시험의 현안 문제와 미래 전망: 제2회 KICE 교육 과
   정 평가 정책 포럼(ORM 2009-22)〉, pp.5-12.

· 한국교육과정평가원, 〈대학수학능력시험 10년사 2(ORM 2005-32-2)〉, pp.2-8.

· 박대호, 〈역대 수능 만점자는 몇 명일까? 94부터 올해까지 183명〉, 《베리타스알파》,
   2015.12.2.

· 배문규, 〈[정리뉴스] 1994학년도 첫 수능부터 6차 교육 과정 2004학년도까지…수능날
   이모저모 上편〉, 《경향신문》, 2015.11.11.

· 배문규, 〈[정리뉴스] 1994학년도 첫 수능부터 6차 교육 과정 2004학년도까지…수능날
   이모저모 下편〉, 《경향신문》, 2015.11.12.

· 교육부, 〈2014학년도 수능시험 개편 방안〉, 2011.1.27.

· 교육부, 〈2017학년도 대입제도 확정〉, 2013.10.25.

관계 법령

· 본문 69쪽
   「고등교육법」 제34조의 2(입학사정관 등) ① 제34조 제1항에 따른 대학의 장은 해당 학
   교에 입학할 학생을 선발함에 있어서 같은 조 제3항에 따라 교육부장관이 시행하는 시험
   의 성적 외에 학교생활기록, 인성·능력·소질·지도성 및 발전 가능성과 역경 극복 경험 등
   학생의 다양한 특성과 경험을 입학전형자료로 생산·활용하여 학생을 선발하는 업무를

전담하는 교원 또는 직원(이하 "입학사정관"이라 한다)을 둘 수 있다. 〈개정 2013.3.23.〉

② 교육부장관은 제1항에 따른 대학의 학생 선발이 초·중등교육의 정상적 운영과 학생들의 전인적 성장에 기여하는 방향에서 이루어질 수 있도록 하기 위하여 대학의 장 및 「사립학교법」 제2조에 따른 학교법인 또는 사립학교 경영자에게 입학사정관의 채용 및 운영을 권장할 수 있으며, 국가는 입학사정관의 채용 및 운영에 사용되는 경비의 일부를 지원할 수 있다. 〈개정 2013.3.23.〉

[본조신설 2012.1.26.]

• 본문 73쪽

「고등교육법」 제34조의 3(입학사정관의 취업 등 제한) 입학사정관은 퇴직한 날 이후 3년 동안 「학원의 설립·운영 및 과외교습에 관한 법률」 제2조 제1호에 따른 학원을 설립하거나 이에 취업을 할 수 없으며, 명칭 여하를 불문하고 입시상담을 전문으로 하는 업체를 설립하거나 이에 취업할 수 없다. 다만, 「교육공무원법」 제5조에 따른 인사위원회 또는 「사립학교법」 제53조의 3에 따른 교원인사위원회의 승인을 받은 때에는 그러하지 아니하다.

[본조신설 2012.1.26.]

• 본문 198쪽

「고등교육법」 제34조의 5(대학입학 전형계획의 공표) ① 교육부장관은 다음 각 호의 어느 하나에 해당하는 사항을 정하거나 변경할 경우에는 해당 입학연도의 4년 전 학년도가 개시되는 날 전까지 공표하여야 한다. 다만, 관계 법령의 제정·개정·폐지로 인한 경우에는 그러하지 아니하다. 〈신설 2019.4.23.〉

1. 제34조 제3항에 따라 교육부장관이 시행하는 시험의 기본방향 및 과목, 평가방법, 출제형식

2. 해당 입학연도에 학생이 대학에 지원할 수 있는 총 횟수

3. 그 밖에 대학 입학과 관련한 것으로서 교육부장관이 필요하다고 인정하는 사항

② 교육부장관은 제1항 각 호의 어느 하나에 해당하는 사항을 정하거나 변경하려는 경우 공청회 및 정보통신망 등을 통하여 국민과 관계 전문가의 의견을 충분히 수렴하여야 한다. 〈신설 2019.4.23.〉

③ 제10조에 따른 학교협의체는 매 입학연도의 2년 전학년도가 개시되는 날의 6개월 전까지 제1항에 따라 교육부장관이 공표하는 사항을 준수하여 입학전형에 관한 기본사항

주·참고문헌

(이하 "대학입학전형 기본사항"이라 한다)을 수립·공표하여야 한다. 〈개정 2019.4.23.〉

④ 제34조 제1항에 따른 대학의 장은 입학전형을 공정하게 시행하고 응시생에게 입학에 대한 정보를 제공하기 위하여 매 입학연도의 전 학년도가 개시되는 날의 10개월 전까지 대학입학전형 시행계획(입학전형자료별 반영 비율을 포함한다)을 수립하여 공표하여야 한다. 이 경우 대학의 장은 대학입학전형 기본사항을 준수하여야 한다. 〈개정 2019.4.23.〉

⑤ 제3항 및 제4항에도 불구하고 대통령령으로 정하는 학교협의체와 대학에 대하여 대통령령으로 정하는 바에 따라 대학입학전형 기본사항과 대학입학전형 시행계획의 공표 시기를 달리 정할 수 있다. 〈개정 2019.4.23.〉

⑥ 제3항 및 제5항에 따라 대학입학전형 기본사항을 공표한 학교협의체와 제4항 및 제5항에 따라 대학입학전형 시행계획을 공표한 대학의 장은 공표한 대학입학전형 기본사항과 대학입학전형 시행계획을 변경하여서는 아니된다. 다만, 관계 법령의 제정·개정 등 대통령령으로 정하는 사유가 있는 경우에는 대통령령으로 정하는 바에 따라 대학입학전형 기본사항이나 대학입학전형 시행계획을 변경할 수 있다. 〈개정 2019.4.23.〉

[본조신설 2014.1.1.]